PETER DYCKHOFF
Mit Leib und Seele beten

Peter Dyckhoff

Mit Leib und Seele beten

Die neun Gebetsweisen des Dominikus

© Verlag Herder Freiburg im Breisgau 2003
www.herder.de
Alle Rechte vorbehalten

Umschlagmotive:
Dominikusdarstellung eines anonymen Meisters
des 13. Jahrhunderts (Bologna)
Illuminationen der Handschrift „Modi Orandi S. Dominici"
© Biblioteca Apostolica Vaticana (Vatikan), Cod. Ross. 3

Satzgestaltung: SatzWeise, Föhren
Druck und Bindung: fgb · freiburger graphische betriebe
www.fgb.de
Gedruckt auf umweltfreundlichem,
chlor- und säurefrei gebleichtem Papier

Printed in Germany
ISBN 3-451-28231-3

Inhalt

Ein Wort zuvor 7

Einführung 11

Die neun Weisen des Gebetes 19

Die neun Gebetsweisen des Dominikus – Einleitung . . 22

Die erste Gebetsweise 24

Die zweite Gebetsweise 33

Die dritte Gebetsweise 43

Die vierte Gebetsweise 53

Die fünfte Gebetsweise 65

Die sechste Gebetsweise 77

Die siebte Gebetsweise 89

Die achte Gebetsweise 103

Die neunte Gebetsweise 117

Offene Fragen 131

Zeittafel 138

Literaturverzeichnis 140

Zum Autor 143

Ein Wort zuvor ...

Eine wertvolle Entdeckung zu machen hat etwas Erhebendes und Faszinierendes. Hinzu kommt eine wunderbare Freude und der Wunsch, Entdecktes an andere weiterzugeben, damit sie nicht nur Freude daran haben, sondern für sich selbst auch Nutzen daraus ziehen können. Ich entdeckte eine kleine Schrift aus dem Mittelalter, die mein Anliegen, mit Leib und Seele beten zu können, bestätigt und wesentlich unterstützt. Hier lese und sehe ich, wie einfach es ist, auch mit dem Körper zu beten, um noch besser die eigene Mitte und die innere Ausgewogenheit zu finden – vor allem aber tiefere Erfahrungen im Glauben zu machen.

Ich habe viele Kurse besucht, in denen ich lernte, die Körperlichkeit bewusst wahrzunehmen, im Körper oder in einer Region des Körpers ganz anwesend zu sein und durch Entspannung und Anspannung locker und durchlässig zu werden. Doch allzu oft habe ich – trotz der guten Erfolge der „Körperarbeit" – die für mich wesentliche religiöse Dimension vermisst. Es stellten sich mir immer wieder die Fragen: Wie kann körperliche Haltung und Bewegung zu einem Gebet werden? Und: Wie kann ich meinem Beten anstrengungslos und natürlich einen körperlichen Ausdruck verleihen, um ganzheitlich, das heißt mit Körper, Geist und Seele vor Gott wach und präsent zu sein?

Die mittelalterliche Schrift „Die neun Gebetsweisen des Dominikus" gibt hierauf Antwort. Dem gegen Ende des dreizehnten Jahrhunderts verfassten Text – kurz und einfach zu lesen – werden neun Bilder zugeordnet, die die jeweilige Gebetsweise illustrieren.

„Der Herr sprach zu Abram: Zieh weg aus deinem Land, von deiner Verwandtschaft und aus deinem Vaterhaus in das Land, das ich dir zeigen werde" (Genesis 12,1). Abraham wusste, dass das, was er besaß und wie er lebte, nicht alles war. Er wusste, dass

er die Zukunft suchen müsse. Bewegt von einer inneren Stimme machte er sich auf den Weg, auf die Suche nach Gott.

Die Bildfolge der neun Gebetsweisen des Dominikus spiegelt diesen Aufbruch wider: ein Loslassen, ein Suchen, eine gute Unruhe, ein Freiwerden, ein Hören, ein Sich-Einlassen auf den anderen, ein Vertrauen ... Darf man das Wort, das Gott an Abraham richtet, auch übertragen in das Wort: „Überschreite deine engen Grenzen und öffne dich für Gott?" Viele Zeichen kommen aus der Tiefe der Seele, doch wer achtet schon darauf? Vielleicht sind wir zu angespannt, und die Zeichen aus der Tiefe unserer Seele können nicht durchkommen. Die Stille zuzulassen, in der wir die Stimme unserer Wahrheit vernehmen können, ist Voraussetzung für den Weg mit Gott, den Dominikus – wie auch Abraham – gegangen ist.

Es wird gut sein, im Gebet immer wieder die Stille zuzulassen, damit wir nicht ahnungslos an Seiner Nähe vorbeileben. Es wird gut sein, immer wieder aus uns selbst herauszugehen, alte Eindrücke abzugeben, um offen und hellhörig zu werden für den Anruf, der uns erreichen möchte.

Das Beten eines Menschen ist so persönlich wie sein Gesicht und seine Stimme, denn jeder von uns ist einmalig vor Gott. Daher sollten wir danach suchen, den eigenen Weg des Betens zu entdecken und zu gehen. Man muss sich auf den Weg machen, um wirklich zu erfahren, was Beten bedeutet. Es ist wie mit einer Wanderung – ich erlebe sie nicht, wenn ich nur eine Wanderbeschreibung lese und nicht selbst aufbreche und gehe. Überschreite die Begrenztheit deines Ichs, lass dich auf das Geheimnis Gottes ein, das in dir ist. Gib Antwort auf diese Wirklichkeit und lebe aus dieser Wirklichkeit in dir – das ist Beten.

Es ist wichtig, das Gebet mit Körper, Geist und Seele zu vollziehen. Aus dem Evangelium erfahren wir, dass auch Jesus in dieser Weise betete: Er richtete sich auf; er hob die Hände; er blickte zum Himmel; er ging in die Wüste oder stieg zum Beten auf einen Berg; er klagte und seufzte; er kniete nieder oder warf sich auf die Erde. Das Gebet körperlich mitzuvollziehen ist eine große Hilfe für das Beten.

„Ich wüsste nicht, wie ich beten sollte ohne Einbeziehung des Leibes. Ich bin doch kein Engel. Es gibt Perioden, in denen ich den Eindruck habe, als bete ich mehr mit dem Leib als mit dem Geist. Ein Gebet auf dem bloßen Boden: niederknien, sich niederwerfen, den Ort betrachten, wo die Eucharistie gefeiert wird. Der Leib ist da, ganz gegenwärtig, um zu lauschen, zu begreifen, zu lieben" (Roger Schutz).

Das Anliegen der Gebetsweisen des Dominikus besteht darin, das tiefere Beten mit Leib und Seele einzuüben und die durch das Beten gewonnene Kraft dahin zu verschenken, wo sie am nötigsten gebraucht wird. Das Gebet des Dominikus, das Körper, Geist und Seele anspricht, weist letztlich von der verborgenen Innerlichkeit hinaus in die Welt. Und genau das entspricht nicht nur der ursprünglichen Berufung des Dominikaner-Ordens, sondern jeglichem Beten, das im Verborgenen beginnt und dann seine Früchte hinaus in die Welt trägt.

Wer dieses Buch nicht nur liest und betrachtet, sondern die Anweisungen im Gebet und auch mit dem Körper nachvollzieht, wird nach kurzer Zeit der Übung erfreut feststellen, dass sein Beten erfüllender geworden ist und mehr Lebensenergie und Freude freigesetzt werden.

Vor den konkreten Hinweisen zur Praxis sollen die Bilderhandschrift und die Person des Dominikus kurz vorgestellt werden.

Einführung

DIE BILDERHANDSCHRIFT „Modi Orandi Sancti Dominici" („Die Gebetsweisen des heiligen Dominikus") ist ein einzigartiges Werk in der religiösen Literatur des Mittelalters. Durch seine Originalität sticht es besonders hervor. *„Was die ‚Modi orandi' darstellen wollen, ist das System des Betens unter Einschluss aller Modalitäten der Stimme und der Gebärdensprache"* (J. C. Schmitt, 9).

Die erste Version der Handschrift wurde aller Wahrscheinlichkeit nach um 1280 im Prediger-Kloster von Bologna vom Dominikaner Aldobrandinus von Tuscanella geschrieben. Bologna war das Ordenszentrum der Dominikaner und die Stadt, in der der Heilige begraben war. Der Autor verfasste keineswegs eine Schrift, die alles der Vorstellungskraft des Lesers überließ. Seine Absicht war ein illustrierter Text, in dem Text und Bilder zusammengehören. Sie sind aufeinander angewiesen, denn das innere Gebet des Heiligen findet auch körperlich Ausdruck, was schwerlich in Worte gefasst werden kann. Ohne die Bilder wäre die Schrift unvollständig, vielleicht sogar unverständlich. Die Bilder wurden bereits gemalt, bevor der dazugehörige Text geschrieben war. Dies belegen entsprechende Hinweise sowie die Tatsache, dass Schriftzüge oft in das Bild hineinreichen. Ein katalanischer Buchmaler illustrierte den Text der „Neun Gebetsweisen". Wenn auch die Bilder maurische Stileinflüsse zeigen, ist doch die Handschrift „Modi orandi" eher französisch als spanisch geprägt.

Die Bilderhandschrift

Die älteste erhaltene Abschrift dieser lateinischen Handschrift, in der alle Gebetsweisen illustriert sind, wird in der Vatikanischen Bibliothek in Rom aufbewahrt (Codex Rossianus 3). Von dieser Handschrift weiß man, dass sie um 1330 in

Südfrankreich (Arles oder Lerins) entstanden ist. Die Seiten haben eine Größe von 166 × 120 Millimeter. Jedem Text ist entweder auf derselben oder auf der gegenüberliegenden Seite unmittelbar das Bild zugeordnet. Die Bilder sind klar und überzeugend. Wegen des kleinen Formates der Handschrift konnte seinerzeit nur eine Schwester oder ein Bruder darin lesen und damit beten. Dem Einzelnen sollte die Art und Weise vermittelt werden, wie Dominikus betete. Körper, Geist und Seele werden angesprochen. Hinzu kommt, dass diese Schrift das „dominikanische Beten" als heilsnotwendig, nützlich, einfach, reinigend und erfüllend empfehlen möchte.

Viele Bibelstellen binden den Text an die Tradition der Heiligen Schrift. Dominikus betete häufig bestimmte Psalmenverse und verwies darüberhinaus auf das Alte und das Neue Testament. Der Maler verstand es, das Gespräch zwischen dem Heiligen und Christus bildhaft zu veranschaulichen. Die jeweiligen Betrachtungen im Anschluss an das Bild gehen darauf näher ein.

Die ersten acht von neun Bildern zeigen, wie Dominikus in einem geschlossenen Raum mit Leib und Seele betet. Die Innenansicht der Kapelle spiegelt sein verborgenes Seelenleben wider. Der gekreuzigte Christus auf dem Altar steht ihm gegenüber. Zur Zeit des Dominikus stand auf dem Altar noch kein Tabernakel mit dem Allerheiligsten. Der Altar mit dem Kreuz wird als Symbol der Gegenwart Christi verehrt. So wendet sich Dominikus direkt an sein Gegenüber. Beim genauen Hinschauen wird deutlich, dass Christus am Kreuz dem Betenden antwortet.

Mit Nachdruck wird immer wieder auf die wechselseitige Beziehung von Leib und Seele des Betenden hingewiesen. Der Körper kann die verborgenen Regungen der Seele offenbaren. Er hilft der Seele, sich auf Gott auszurichten. Die feinsinnigen Bilder geben der mystischen Erfahrung des Heiligen einen besonderen und überzeugenden Ausdruck. Den Bildern gelingt die Wiedergabe von Bewegungsabläufen durch Verdoppelung oder sogar Verdreifachung der Gestalt des Dominikus. Er ist auf einem Bild sowohl kniend als auch aufrecht dargestellt; auf einem anderen dreimal stehend, wobei die Haltung seiner Hände und der Neigungswinkel seines Hauptes sich jedes Mal ändern. Auf diese Weise sollen die kontinuierlichen Bewegungen dargestellt werden. Mit großer Genauigkeit hat der Maler die Gebetsgesten beobachtet und gemalt. Der Körper des Heiligen hat – je nach Gebetsweise – verschiedenes Aussehen.

Das Werk ist weit mehr als nur eine Aufstellung von Gesten. Es macht das verinnerlichte Beten sichtbar und enthält darüber hinaus eine logische Szenenfolge. So folgt auf die Verneigung das Sich-Hinstrecken auf den Boden, dann das Knien und schließlich das Aufrechtstehen. Manchmal wird der Bewegungsrhythmus beschleunigt, dann wieder verlangsamt. Auf intensivere Momente folgen ruhigere Phasen, in denen die spirituelle und körperliche Spannung wieder abgebaut wird. Die Bilder drücken dieses treffend und auf wunderbare Weise aus.

Die Anzahl der knienden Haltungen ist gering. Die kniende Haltung beim Beten ist zweitrangig im Vergleich mit der aufrechten Haltung: erhobenes Haupt und geöffnete Hände – eine oft wiederkehrende Gebetshaltung, die die Annahme des Gotteswortes verdeutlicht.

Das dritte Bild zeigt die übertriebene Tendenz des Mittelalters zur körperlichen Kasteiung und zur Selbst-Erniedrigung. Diese Handlungsweise ist sehr alt – doch erhielt sie bald nach Dominikus eine neue Bedeutung oder wurde aufgegeben.

Der dominikanische Malermönch Fra Angelico malte 1440 „Die neun Gebetsweisen des Dominikus" mit Ausnahme des neunten Bildes an die Wände des florentinischen Klosters San Marco.

Dominikus und die Bücher

Im dreizehnten Jahrhundert besaßen die einzelnen Konvente jeweils kaum mehr als hundert Bücher. Diese waren sowohl teuer in der Anschaffung als auch zeitaufwendig im Schreiben und Abschreiben. Die Liebe des Dominikus zu Büchern war allgemein bekannt. Doch war er immer bereit, auf seine geliebten Bücher zu verzichten, wenn es um eine höhere Liebe ging.

Als Student in Palencia verkaufte Dominikus seine Bücher, um Mitmenschen in Not zu helfen: *„Von der Not der Armen gerührt, überkam ihn ein solches Mitleid, dass er beschloss, durch eine Tat mit dem Willen Gottes Ernst zu machen und alles zu tun, was in seiner Macht stand, um das Elend der Armen zu lindern. So verkaufte er seine Bücher, die er zum Studium gebraucht hätte, und all seine Habe. Aus dem Erlös trug er zur Errichtung eines Hospizes bei und unterstützte die Armen mit Gaben"* (Jordan, Anfänge 10).

Später waren Dominikus das Matthäus-Evangelium und die Paulus-Briefe besonders lieb. Dieses Evangelium und diese Briefe trug er als Buch immer bei sich. Aller Wahrscheinlichkeit nach ist es dieses Buch, was ihm auf dem neunten Bild der Gebetsweisen als Beutelbuch gereicht wird. Ein Beutelbuch hatte eine Verlängerung des Bucheinbandes und hing an einem Knoten oder Riemen am Gürtel. So konnte der Träger rasch einen Blick in das Buch werfen, ohne es vom Gürtel zu nehmen.

Schon kurz nach der Ordensgründung führten auch seine Mitbrüder Bücher mit sich, was in der damaligen Zeit recht ungewöhnlich war. Dominikus vertrat die Meinung, dass ein Bruder weder Gold noch Geld besitzen, jedoch seine Bücher als Handwerkszeug mit sich führen solle. Er ermahnte die Novizen, mit Büchern sorgfältig umzugehen. Ein junger Predigt-Bruder hatte sogar die Möglichkeit, sich vom Ersparten Bücher zu besorgen oder den Abschreiber zu bezahlen. *„Wird ein Bruder von einer Provinz in eine andere gesandt, um Vorlesungen zu halten, darf er seine mit Notizen versehenen Bücher, die Bibel und seine Hefte, mitnehmen"*, heißt es in den Konstitutionen des Ordens.

Dominikus musste in seiner Zeit bitter erfahren, welch schlimme Folgen die theologische Unwissenheit des Klerus hatte. Er reagierte auf diese Not der Kirche, indem er für das Studium der Theologie und der Heiligen Schrift begeisterte.

Trotz seiner großen Liebe zu den Büchern bekennt Dominikus am Ende seines Lebens, er habe im Buch der Liebe mehr gelernt als in jedem anderen Buch.

Dominikus und das dominikanische Gebet

Gegen Ende des zwölften und zu Beginn des dreizehnten Jahrhunderts begann Europa zu verarmen, da die Zahl der Menschen zu stark angewachsen war. Die einst christliche Welt war durch Spaltungen, Abweichungen und Irrlehren zerrissen. Der Aufstieg der Stadtkultur hatte begonnen. Seuchen und Hungersnöte brachen aus, und Dominikus begegnete ihnen.

Dominikus, der 1196 in das Chorherrenstift von Osma eintrat, wurde hier in besonderer Weise durch liturgisches Gebet, geistliche Lesung und Kontemplation geprägt. Er lebte ganz aus dem Evangelium – unterstützt durch Sammlung und Schweigen. Im Gebet und durch das Gebet richtete er sein Leben aus. Sein Wahlspruch lautete: „Mit Gott oder von Gott sprechen".

Bruder Stephan sagte im Heiligsprechungsprozess von Bologna: *„Es war seine Art, nur von oder mit Gott zu reden, und dies innerhalb wie außerhalb des Hauses und auch auf der Reise. Er forderte auch seine Brüder dazu auf und ließ diesen seinen Wahlspruch in die Konstitutionen seines Ordens schreiben. Er war eifriger im Gebet als alle Menschen, die ich je gesehen habe. Er hatte die Gewohnheit, die Brüder nach der Komplet und der gemeinsamen Meditation zum Schlafen zu schicken, selbst aber zum Beten in der Kirche zu bleiben. Und während er nachts betete, wurde er so von Seufzern und Klagen ergriffen, dass die Brüder, die in der Nähe schliefen, aufwachten; einige von ihnen wurden selbst zu Tränen gerührt. Sehr oft verweilte er so im Gebet bis zum Morgen"* (Prozess Bologna 37).

Das „Sprechen *von* Gott" stellte für Dominikus die eigentliche Aufgabe dar, die er auch seinem Orden zum Ziel gab. Sein Hauptanliegen war es jedoch, zunächst „*mit* Gott zu sprechen", um von Ihm berührt und beauftragt zu werden. So entwickelte sich sein Wort, das heißt seine Predigt, aus der inneren Gebets-Erfahrung. Und dieses Wort kam bei den Menschen an. Im Gebet und im Schweigen – und das geht aus den Zeugenaussagen eindeutig hervor – blieb Dominikus nicht auf der emotionalen Ebene verhaftet. Er wurde derart von der anziehenden Kraft des Schöpfers berührt, dass er sowohl im Gebet als auch außerhalb des Gebetes in tiefere Schichten des Seins und damit in die unmittelbare Nähe Gottes geführt wurde. Er gewann grenzenloses Vertrauen in die Liebe Gottes, innere Sicherheit, Mut zum Handeln und Entschiedenheit. Musste Dominikus auch oft im Gebet um eine Wahrheit ringen, seufzen und dabei Tränen vergießen, so kannte er doch keine Resignation. Seine Klarheit, seine Entschlossenheit und seine Gottesliebe übertrugen sich auf die Menschen, die ihm begegneten und ihn hörten.

Dominikus betete mit Körper, Geist und Seele. Bei ihm geschah nichts ausschließlich im seelisch-geistigen Bereich, sein Körper war immer beteiligt. Und nichts geschah rein körperlich, ohne dass Geist und Seele mitschwangen. Den verschiedenen Arten des Betens (Schweigen vor Gott, Anbetung, Meditation, Betrachtung, Fürbitte, geistliche Lesung) entsprechen verschiedene Körperhaltungen. Die Autoren des Mittelalters wussten, dass sich beim rechten Beten der ganze Mensch ausdrückt. Jede seelische Bewegung kommt auch körperlich zur Sprache.

Das verborgene Gebet in der Stille wurde bei Dominikus am hellen Tag zur Predigt. Seine Verkündigung wiederum galt dem Gebet, dem liturgischen und stillen, gemeinschaftlichen und persönlichen Beten, jederzeit und überall. Dominikus besaß sowohl große Empfindsamkeit als auch Willensstärke. Sein unbeugsamer Charakter ließ sich von Widerständen nicht entmutigen. Zu seinem Durchhaltevermögen kam große Klugheit. Durch seine Sensibilität offenbarte sich ihm eine außerordentliche Erlebnisfähigkeit – durch seinen starken Willen und seine Klugheit gelang es ihm, seine Ziele unbeirrt anzugehen und seine Kraft an vordergründigen Hindernissen nicht aufzureiben. Weder machte ihn die Freude übermütig noch erdrückte ihn das Leid. Er war in allem ausgewogen, ohne dass die Empfindsamkeit verarmte. Er erkannte sofort tiefere Zusammenhänge und war in der Lage, vieles zu durchschauen. Daher konnte er spontan anderen Menschen helfen und ihnen Kraft geben, ihre Probleme selbst zu lösen.

All diese hervorragenden Eigenschaften erwarb sich Dominikus durch harte Arbeit an sich selbst. Er war jedoch niemals fanatisch, verbissen oder extrem. Für sich selbst tat er alles, um von den dunklen Seiten des Lebens und den Schatten seiner Seele befreit zu werden. Als Erstes versuchte er, all das aufzulösen, was sich der Gnade und der göttlichen Liebe in den Weg stellte. Er war erfüllt von innerer Heiterkeit und hatte für alles und alle ein offenes Herz. Die Liebe, die sich ihm schenkte, trug er durch Wort und Beispiel hinaus in die Welt, um sie an andere zu verschenken. Dominikus spürte und wusste, dass er von Gott nicht vergessen wurde. In diesem Bewusstsein des Vertrauens lebte er ohne Ängste und in Distanz zu allem, was ihn hätte bedrängen können. Und dann brach bei ihm immer wieder die Herzensfreude durch.

Der Christus des Dominikus ist feinfühlig, geduldig, barmherzig, leidend und gekreuzigt. Er geht mit den Menschen in die Passion, in die Tiefe menschlichen Leidens, um es in der Auferstehung gemeinsam zu überwinden. Die Quelle der dominikanischen Spiritualität ist die Menschwerdung Gottes. Dominikus vertrat die Ansicht, man müsse den Menschen nicht den Rücken kehren, um Gott zu finden. In Dominikus lebte außergewöhnliche Harmonie von Menschlichem und Göttlichem. Beides ging bei ihm ineinander über. Sein „Beten und Arbeiten" – sein Fühlen, sein Denken und sein Tun wurden zu einer Einheit.

Dominikus hinterließ keine Schriften. Zu seiner Spiritualität besteht nur der Zugang durch Zeitzeugen – Zeugen seines Lebens. Dominikus wurde zu einem Propheten der Hoffnung, zu einem geistlichen Meister, der Verzeihung, Erlösung und Versöhnung verkündete.

Die neun Weisen des Gebetes

„DIE NEUN GEBETSWEISEN des Dominikus" bestehen aus einem kurzen lateinischen Text und dem entsprechenden Bild. Die lateinischen Texte zu den jeweiligen Bildern wurden ins Deutsche übersetzt. Bilder und Texte sind durch die Original-Handschrift (1330) vorgegeben.

In dieser Ihnen vorliegenden Ausgabe der „neun Gebetsweisen des Dominikus" ist jede der neun Einheiten erweitert durch eine Bild-Betrachtung, Zitate aus der Heiligen Schrift, Übungen zur Leib- und Seelsorge und durch eine am Ende stehende Meditation. Nach der neunten Gebetsweise folgen „offene Fragen", die sich auf die neun vorhergehenden Einheiten beziehen. Die Beantwortung soll sowohl zum besseren Verständnis der Texte beitragen als auch zur Vertiefung des eigenen Betens.

Bild-Betrachung: Im Anschluss an jedes Bild steht ein Text, der auffordert, die Miniatur noch einmal zu betrachten. Er möchte auf Details und besonders auf im Bild versteckte Aussagen aufmerksam machen. Er möchte darüber hinaus anregen, sich mit dieser Gebetsweise tiefer auseinander zu setzen, um sie selbst nachvollziehen zu können.

Heilige Schrift: Um den kurzen Text aus der dominikanischen Tradition noch intensiver an die Schrift zu binden, werden Bibelstellen zitiert. Sie sind in ihrer Thematik genau auf den vorgegebenen Text bezogen und fordern auf, das Gebetsanliegen des Dominikus noch einmal aus einer anderen Perspektive zu betrachten.

Übungen zur Leib- und Seelsorge: Es darf nicht sein, dass das Beten des Dominikus nur intellektuell verstanden wird. Um das Anliegen des Heiligen, mit Leib und Seele zu beten, besser zugänglich zu machen, sollte man die einfachen Bewegungsabläufe nachvollziehen. Sie beleben die Körpersprache und stehen in enger Verbindung zum inneren Geschehen des Übenden. Wege zu einem tieferen und erfüllenden Beten werden durch sie geöffnet. Bei häufiger Wiederholung werden diese „Übungen" für Leib und Seele bereits selbst zum Gebet.

Meditation: Um das Lesen der Texte, das Betrachten der Bilder und das eigene Üben abzurunden, befindet sich am Ende jeder Gebetsweise eine Meditation, das heißt ein geistliches Wort. Es möchte anregen, sowohl die eigene Gebetsweise als auch die eigenen Handlungsweisen zu überdenken und zu kultivieren.

Mögen auch Sie durch „Die neun Gebetsweisen des Dominikus" etwas sehr Wertvolles entdecken, das Ihnen auf Ihrem Glaubens- und Lebensweg nicht nur Freude vermittelt, sondern auch praktische Hilfe wird.

Die neun Gebetsweisen des Dominikus – Einleitung

HEILIGE KIRCHENLEHRER WIE Augustinus, Ambrosius, Gregor, Hilarius, Isidor, Johannes Chrysostomos, Johannes von Damaskus, Bernhard und andere demütige griechische und lateinische Lehrer äußerten sich schon ausführlich über das Gebet. Sie empfehlen das Gebet, beschreiben es und sprechen über die Notwendigkeit, den Nutzen, die Art und Weise des Betens, über die Vorbereitung zum Gebet wie auch über Schwierigkeiten und Hindernisse.

Die berühmten und hochgeachteten Lehrer Thomas von Aquin und Albertus[1] aus dem Orden der Dominikaner haben in ihren Büchern – wie auch Wilhelm in seiner Abhandlung über die Tugenden[2] – sehr eindrücklich, kenntnisreich, auf schöne und gründliche Weise die Thematik des Betens weiter verfolgt.

An dieser Stelle muss noch etwas über die Art zu beten gesagt werden, bei der sich die Seele des Körpers bedient, um sich noch inniger mit Gott zu verbinden. Einerseits bringt die Seele den Körper in Bewegung und andererseits wird die Seele vom Körper bewegt, bis sie einmal in Ekstase[3] geraten – wie Paulus[4] es erlebt hat und der Prophet David[5] auf rein geistige Weise.

Auf diese Art pflegte auch Dominikus oft zu beten, worüber im Folgenden einiges gesagt wird. Auch von den Heiligen des Alten und Neuen Testamentes heißt es, sie hätten mitunter auf solch eine Art und Weise gebetet. So zu beten fördert die Haltung der Hingabe, weil einerseits die Seele auf den Körper und andererseits der Körper auf die Seele wechselnd einwirkt. Wenn Dominikus in dieser Weise betete, war er oft leidenschaftlich bis zu Tränen gerührt, und die Intensität seines guten Willens steigerte sich so sehr, dass er diese innere Erregung nicht mehr verbergen konnte. Dann wurde seine ganze Hingabe auch körperlich sichtbar. Während er so betete, erhob sich sein Geist in heftigem Verlangen, in der Anrufung Gottes und in Dankgebeten.

Neben den allgemein üblichen und demutsvollen Formen des Betens bei der Feier der Heiligen Messe und beim Psalmengebet pflegte Dominikus die folgenden Gebetsweisen. Bei diesen schien es, als werde er plötzlich über sich selbst hinausgehoben und trete in ein Gespräch mit Gott und den Engeln ein. Dies geschah nicht nur beim kanonischen Stundengebet im Chor, sondern auch auf Reisen.

[1] Albertus Magnus (um 1200–1280), Dominikaner, Kirchenlehrer
[2] Wilhelm Peraldus (vor 1236–1271), Prior des Dominikanerklosters in Lyon. Sein Hauptwerk, auf das hier Bezug genommen wird: „Summa de vitiis et de virtutibus (1249)
[3] Ekstase: Ergriffensein in einem Spannungszustand schöpferischer Stille, eine hin-reißende Erfahrung überwältigender Art von der Nähe Gottes. Ekstase als Durchgangsphänomen auf dem Weg zur Einigung mit Gott wird von vielen als Begleiterscheinung erlebt, aber eher verschwiegen und möglichst vermieden.
[4] 2. Korintherbrief 12, 2
[5] Psalm 30, 23 (Vulgata nach der Septuaginta)

Die erste Gebetsweise

ALS ERSTES VERNEIGTE sich Dominikus demütig vor dem Altar, so als wäre Christus, der durch den Altar (mit dem Kreuz) symbolisiert wird, nicht nur in seiner symbolischen Gestalt, sondern wirklich in seiner Person anwesend.

Mit den Worten Judits sprach er: „Du bist der Gott der Schwachen und der Helfer der Geringen; du bist der Beistand der Armen, der Beschützer der Verachteten und der Retter der Hoffnungslosen."[1] Durch ihre Demut erhielt die kanaanäische Frau[2] was sie erbat; und ebenso geschah es mit dem verlorenen Sohn[3]. Und weiterhin sprach er: „Herr, ich bin es nicht wert, dass du mein Haus betrittst"[4]; denn „Herr, ganz tief bin ich gebeugt. Durch dein Wort belebe mich!"[5]

So neigte Dominikus bei aufrechter Körperhaltung sein Haupt und blickte demütig auf Christus, um ihn als sein wahres Haupt zu verehren. Im Licht der Erhabenheit Christi wurde Dominikus seine eigene Begrenztheit bewusst, und er begab sich ganz in die Verehrung Christi.

Und das, so lehrte er, sollten auch die Brüder tun, wann immer sie dem Kreuz, dem Zeichen der Demütigung Christi, begegneten. Vor der Größe Christi, der für uns so tief erniedrigt wurde, sollten wir uns demütig verneigen.

Er empfahl auch den Brüdern, sich mit Leib und Seele vor der Dreifaltigkeit zu verneigen, wann immer das „Ehre sei dem Vater und dem Sohn und dem Heiligen Geist" gesprochen werde. Mit dieser demütigen Haltung, wie sie im Bild dargestellt ist, mit der tiefen Verneigung seines Hauptes und mit Worten der Zuneigung begann er sein Gebet.

---

[1] Judit 9,11b [2] Matthäus 15,25–28 [3] Lukas 15,21–24
[4] Matthäus 8,8a [5] Psalm 119,107

Orabat eciam sepe bñs dñicus, pstnēdo
se totū ad terram, pnū sup faciē suam
et cōpungebatur i corde suo. et erudiebat
semetipm, z dicebat aliqñ ita alte ut ab eo
audiret. Pr euāgliū. Ds ppiciā esto michi
peccatori z pie z reuerētez satis memorabat
uerbū dauid dicent(egō sū qui pctaui z qui
iniq̃ egi. Et flebat aꝗ̃ z tremebat fortit. et
postea dicebat. Nō sū dign̄ īdē altitudiez
celi p̄ multitudiē iniquitat mee. qm̄ irritaui
iā tuā z malū corā te feci. Et de illo ps̄
Dn̄s auribꝫ nr̄is audiuim̄ • fortit z deuo
te dicebat. qm̄ huīliata est ī puluerem
aīa ura. Adhesit in terra uentez noster.
Et iterū. Adhesit pauimento anīma

Bild-Betrachtung

Die Gebetsweisen des heiligen Dominikus sind nicht nur auf subtile Weise beschrieben, sondern auch illustriert. Text und Bild ergänzen sich und bilden eine Einheit. Der Maler-Mönch des vierzehnten Jahrhunderts versucht, das Gebet, vor allem aber auch die mystische Erfahrung des heiligen Dominikus, bildhaft darzustellen.

Die erste Gebetsweise besteht in der tiefen Verneigung vor dem gekreuzigten und erhöhten Christus. Dieser körperliche Ausdruck demütiger Hingabe wurde seit dem dreizehnten Jahrhundert „humiliatio" genannt, ein Wort, das im lateinischen Urtext der neun Gebetsweisen häufig vorkommt.

Dominikus hat die beengende Dunkelheit hinter sich gelassen und den Weg in eine lichtvollere Welt beschritten. Er betritt den hellen Innenraum der Kapelle und verneigt sich vor Christus. Die Haltung des bis zur Waagerechten vorgeneigten Oberkörpers des Heiligen wird vom grünen Deckenträger und dem Gewölbe aufgenommen, die diese demütige Gebärde der Hingabe verstärken. Die horizontale Linie, die das Deckengewölbe trägt, weist auf Christus, dem die Hingabe gilt.

Nicht nur das Gewölbe korrespondiert mit dem gebeugten Rücken des Heiligen, sondern auch die grüne einheitliche Wandverkleidung mit ihren vielen Rundbögen. Das gesenkte Haupt drückt Demut aus, eine Grundhaltung des Menschen für gutes Zusammenleben mit den Mitmenschen und seine verehrende Haltung gegenüber Gott. Als Beweis für das Loslassen von allem, was ungut an die Welt bindet, ist das Ausscheren des Haupthaares anzusehen. Dominikus trägt daher eine Tonsur. Ab dem siebten Jahrhundert war die Aufnahme in den geistlichen Stand mit einer Tonsur verbunden. Sie ist Zeichen der Demut, der Buße und der Hingabe.

Die Mitte des Bildes ist leer. Es begegnen sich hier im unsichtbaren Spannungsfeld göttlicher Liebeszuwendung die unerfüllte Sehnsucht des Menschen und die Sehnsucht Gottes, die der Mensch ist. Das Grün des Hintergrundes deutet auf Erneuerung hin, auf eine neue Hoffnung, und wird damit gleichzeitig zum Symbol der Auferstehungserwartung und der Unsterblichkeit. Die linke Seite des Bildes wirkt geschlossen und begrenzt wie menschliches Vermögen. Der rechte Raum des Bildes über dem Kreuz dagegen ist über den Kosmos und alles Geschaffene hinaus bis zur Unendlichkeit geöffnet. Der Querbalken des Kreuzes und auch seine Schwere symbolisieren die Begrenzung zwischen Erde und Himmel. Durch, mit und in Christus, der die Aufrechte darstellt, ist der Himmel für uns wieder geöffnet.

Dominikus geht wissend und mit offenen Augen diesen Weg, der ihn aus dem Dunkel ins Licht führt. Er ist durch die scheinbar viel zu niedrige Türöffnung in den Innenraum getreten. Und obwohl er sich jetzt noch einmal in demütiger Gebärde klein macht, wird er vor dem Kreuz und damit vor Gott größer.

Die rote Farbe des Gewölbes, die Farbe der Liebe und des Opferblutes, weist auf das Ziel – auf den erhöhten Christus. Er ist das Licht, das die Dunkelheit erleuchtet. Wenn auch dieses Licht für unsere menschlichen Augen noch verborgen ist, so spiegelt es sich doch in der gesamten Schöpfung wider. Hier im Bild sind es der geöffnete Himmel, die beiden goldfarbenen Tafeln hinter dem Altar, die gelbe Altardecke und nicht zuletzt der goldfarbene Nimbus, der den Kopf des heiligen Dominikus umgibt.

¶ Heilige Schrift

*Gottesfurcht erzieht zur Weisheit,
und Demut geht der Ehre voran.* ¶
    Sprichwörter 15, 33

*Denn groß ist die Macht Gottes,
und von den Demütigen wird er verherrlicht.* ¶
    Jesus Sirach 3, 20

*Die Demütigen leitet er nach seinem Recht,
die Gebeugten lehrt er seinen Weg.* ¶
    Psalm 25, 9

*Wer sich selbst erhöht, wird erniedrigt,
und wer sich selbst erniedrigt, wird erhöht werden.* ¶
    Lukas 14, 11

Denn Gott tritt den Stolzen entgegen, den Demütigen aber schenkt er seine Gnade. Beugt euch also in Demut unter die mächtige Hand Gottes, damit er euch erhöht, wenn die Zeit gekommen ist. ¶
    1. Petrusbrief 5, 5 b–6

Beuge deinen Rücken und nimm sie (die Weisheit) auf dich. ¶
    Jesus Sirach 6, 25

Wir wollen uns, von der Liebe geleitet, an die Wahrheit halten und in allem wachsen, bis wir ihn erreicht haben. Er, Christus, ist das Haupt. ¶
    Epheserbrief 4, 15

Wir haben seinen Stern aufgehen sehen und sind gekommen, um ihm zu huldigen. ¶
    Matthäus 2, 2 b

Er (Jesus) hat angesichts der vor ihm liegenden Freude das Kreuz auf sich genommen, ohne auf die Schande zu achten, und sich zur Rechten von Gottes Thron gesetzt. ¶
　　Hebräerbrief 12, 2b

Schaut her, ihr Gebeugten, und freut euch;
ihr, die ihr Gott sucht: euer Herz lebe auf! ¶
　　Psalm 69, 33

Übung „Beuge dich, ohne zu zerbrechen"

FÜHLE UNTER DEINEN Füßen den Boden und die Erde, die dich trägt.
- Stelle die Füße etwas weiter auseinander, um festen Stand zu bekommen.
- Nimm die Schwerkraft wahr, lote deinen Stand aus und gib in den Knien etwas nach. Achte darauf, sie nicht zu versteifen.
- Stelle dir vor: Deine Fußsohlen schlagen Wurzeln, die tief in die Erde wachsen und sich weit verzweigen.
- Spüre über deine Wirbelsäule bis zum Kopf die Aufrechte.
- Beuge langsam deinen Oberkörper nach vorn. Mach dabei einen runden Rücken. Wirbelsäule und Hinterkopf bilden dann eine gerade Linie.
- Lass deine Arme locker nach vorn hängen und spüre durch sie die Erdanziehung.
- Versuche in dieser Haltung deine Atmung im Rücken zu spüren und nimm im Ausatmen erneut die Erdenschwere wahr.
- Baue nach ungefähr zwei Minuten vom Becken aus die gerade Haltung wieder auf. Spüre die Wirbelsäule und ziehe sie ein wenig nach oben.
- Trage nun deinen Kopf aufrecht und behaupte dich!

Du hast einen Standpunkt, einen festen Grund, auf dem du aufrecht zu dir stehen kannst. Von hier aus ist es dir leicht möglich, dich auf das je Größere auszurichten und dich Ihm zu öffnen.

Neben dem häufigen Gerade-Sein tut es deinem Rücken und auch deiner Innerlichkeit hin und wieder gut, sich zu beugen. Es gibt manche Lebenssituationen, die du nur bestehen kannst, wenn du sie annimmst und dich ihnen beugst. Denke daran, dass ein Baum, der tief verwurzelt ist, sich bei Sturm neigen kann, ohne zu zerbrechen oder entwurzelt zu werden. Du wirst beim erneuten Aufrichten eine Erweiterung in deinem Brustraum und in deinem Inneren spüren.

Ein Gefühl von Freisein und Dankbarkeit breitet sich in dir aus.

Meditation „Beginne da, wo du stehst"

Eröffne dem Herrn deinen Weg
und vertraue auf ihn!
　Psalm 37,5

Das Wort „Demut" hat heute im Allgemeinen keinen guten Klang; wird es doch meist gleichgesetzt mit „Verdemütigung" oder „Unterwürfigkeit". Nietzsche diffamiert sogar die Demut als gefährliches verleumderisches Ideal.

Für mich gehört die Demut jedoch zu den Grundhaltungen des Menschen für sein Zusammenleben mit den Mitmenschen und seine Haltung gegenüber Gott. Daher möchte ich gern in das Wesen der Demut eindringen, und das nicht theologisch und philosophisch. Ich möchte eine wahre Herzensdemut einüben, ohne nach außen aufzufallen.

Wenn ich auf Dominikus schaue und sehe, wie er sich voll Hingabe verneigt, bewundere ich die Schlichtheit dieses Ausdrucks und spüre die Grundhaltung, dass wir als Geschöpf alles unserem Schöpfer verdanken. Dominikus weiß um die unauflösbare Verbindung mit dem Vater. Daher ist ihm jeglicher geistlicher Hochmut fern und die Demut eigen. Sie ist für ihn die Wurzel der Erlösung, die Vorstufe wahrer Gottesliebe. Demut ist für ihn die Voraussetzung für das Empfangen der heiligmachenden Gnade und des mystischen Schauens Gottes. Daher zählt auch Thomas von Aquin, der in der Nachfolge des heiligen Dominikus steht, die Demut zu den Kardinaltugenden.

Wenn ich noch einmal auf das Bild schaue und den alten Text dazu lese, stelle ich mir Mose vor, der sich in dieser Haltung dem brennenden Dornbusch näherte. Voll Liebe neigte sich der barmherzige Samariter über den unter die Räuber Gefallenen und tat alles für sein Heil und seine Heilung. Echte Liebe und Freundschaft ist nie möglich ohne Demut. Jesus neigte sich seinen Jüngern zu und wusch ihnen die Füße.

Ich denke, nur der Mensch, der in der Lage ist, seinen eigenen Wesensgrund und damit den Grund seines tiefsten Fühlens zu berühren, kann spontan lebenswahrhaftig und damit auch wahrhaft demütig sein. Nun stellt sich mir die Frage: Wie kann ich in diesen Wesensgrund hinabsteigen, in diese menschliche Tiefe, wo wahre Demut zur Wirklichkeit wird? Wenn Demut letzte Wahrhaftigkeit fordert, dann kann sie doch nur erreicht werden durch Aufdecken der verborgenen Gedanken und Gefühle, durch Aufdecken meiner Liebebedürftigkeit, die zu meinen tiefsten Gefühlen und Nöten gehört. Im Erkennen meiner eigenen Grenzen und in der Erfahrung meiner äußersten Schwachheit müsste der wahre Boden für meine Demut liegen.

Demütig sein hieße dann also, sich immer wieder als den, der man ist, mit seinen Licht- und Schattenseiten anzunehmen, Ja zu sich zu sagen und im Gebet der Hingabe alles in die Hände Gottes zu legen.

Indem somit Demut von Arroganz oder Verurteilung des anderen befreit, macht sie aufgeschlossen für das Du des Mitmenschen und letztlich für das Du Gottes.

„Wenn also der Mönch alle Stufen auf dem Wege der Demut erstiegen hat, gelangt er alsbald zu jener vollendeten Gottesliebe, die alle Furcht vertreibt" (Benedikt-Regel 7, 67).

Die zweite Gebetsweise

Oft betete der heilige Dominikus der Länge nach auf dem Boden ausgestreckt, mit dem Gesicht zur Erde. Dann war sein Herz von tiefer Reue erfüllt, und er erinnerte sich der Worte des Evangeliums, die er oft so laut von sich gab, dass man sie gut verstehen konnte: „Gott, sei mir Sünder gnädig!"[1] Voll Ehrfurcht und Hingabe wiederholte er immer wieder die Worte Davids: „Ich bin es doch, der gesündigt hat; ich bin es, der sich vergangen hat."[2] Und dabei weinte er und seufzte heftig. Sodann betete er: „Wegen meiner vielfachen Schuld"[3] bin ich es nicht wert, die Höhe des Himmels zu erblicken, denn „gegen dich allein habe ich gesündigt, ich habe getan, was dir missfällt."[4] Und aus dem Psalm, der mit den Worten beginnt „Gott, wir hörten es mit eigenen Ohren"[5] sprach er mit lauter Stimme und doch in tiefer Demut: „Unsere Seele ist in den Staub hinabgebeugt, unser Leib liegt am Boden."[6] Und abermals betete er: „Meine Seele klebt am Boden. Durch dein Wort belebe mich!"[7]

Als er einmal seine Brüder lehren wollte, wie sie in großer Ehrerbietung beten sollten, sagte er ihnen: Die Weisen waren Könige, und doch waren sie demütig: „Sie gingen in das Haus und sahen das Kind und Maria, seine Mutter; da fielen sie nieder und huldigten ihm."[8] Gewiss ist es so, dass wir den Mensch gewordenen Gottessohn gefunden haben, gemeinsam mit Maria, der Magd des Herrn: „Kommt, lasst uns niederfallen, uns vor ihm verneigen, lasst uns niederknien vor dem Herrn, unserm Schöpfer!"[9]

Und die jüngeren Brüder mahnte er mit folgenden Worten: Wenn ihr eure eigenen Sünden nicht beklagen könnt, da ihr keine habt, so denkt doch an die vielen Sünder, die der Barmherzigkeit und der Liebe bedürfen. Ihretwegen haben die Propheten und Apostel geseufzt; und als Jesus die Sünder sah, weinte er ihretwegen bitterlich; und in gleicher Weise

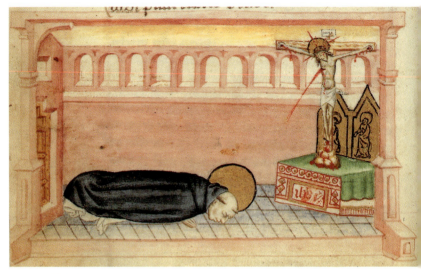

© Biblioteca Apostolica Vaticana (Vatikan), Cod. Ross. 3 fol. 6 v.

weinte auch David, während er betete: „Wenn ich Abtrünnige sehe, empfinde ich große Trauer, weil sie dein Wort nicht befolgen."[10]

[1] Lukas 18, 13 b   [2] 2 Samuel 24, 17   [3] Jeremia 30, 14 b
[4] Psalm 51, 6   [5] Psalm 44, 2   [6] Psalm 44, 26
[7] Psalm 119, 25   [8] Matthäus 2, 11 a   [9] Psalm 95, 6
[10] Psalm 119, 158

Bild-Betrachtung

DOMINIKUS LIEGT AUSGESTRECKT auf der Erde. Ihm ist bewusst, dass sein Körper aus Erde geformt ist und zur Erde gehört. Er weiß aber auch, dass er von Gott geliebt wird, und sich mit seinem ganzen Sein und seiner Schwachheit Ihm anvertrauen kann. Aus dieser äußeren und inneren Haltung ruft er laut, betet und bittet für seine Brüder und Schwestern, für die kranke Kirche und die unheile Welt.

Obwohl Dominikus sich mit Christus schon unter einem Dach befindet und die Distanz zwischen ihm und Ihm geringer geworden ist, wagt er es noch nicht, seinen Blick aufzurichten. Zu tief bewegt ihn das Schuldbekenntnis, das durch Worte, Weinen und Seufzen seinen Ausdruck findet. Er bekennt seine eigene Schuld – aber auch die anderer Menschen. Er weiß, dass viele ihre Fehlentscheidungen noch nicht ein-sehen, und weiß auch, wie stark dadurch die Seelen und die gesamte Schöpfung belastet sind. Durch sein Blut stellt Christus eine Verbindung her – besonders zu den am Boden liegenden Menschen. Hier wird es sichtbar: Der Leib Christi öffnet sich, und seine Liebe – dargestellt durch das Opferblut – möchte den tief gebeugten Menschen berühren und wieder aufrichten.

Dem Maler der Miniatur gelingt es, das nicht in Worte zu fassende Geheimnis des Glaubens durch Farbe und Form der Rückwand auszudrücken. Der fast ganz geschlossene Raum des ersten Bildes hat hier ungeahnte Öffnung in kosmische Weite erfahren. Die grüne Farbe des Hintergrundes hat sich in Rot gewandelt, das auch den Betrachter in das wunderbare Geschehen hineinnehmen möchte. Hoffnung ist zur Liebe geworden – zu einer Liebe, die aus Lebenswahrhaftigkeit, Hingabe und Opfer „erstanden" ist.

Wenn Dominikus sich wieder aufrichtet, um den ihm zugewiesenen Platz in der Welt zu bestehen, wird er diese Wandlung in die Auferstehung spüren. Der Raum um ihn und in ihm ist offener, höher und weiter geworden. Obwohl der Innenraum der Kapelle ganz dem Gebet und damit der persönlichen Beziehung des Heiligen zu Christus vorbehalten ist, versteht es der Maler, durch geöffnete Fenster den Betrachter mit in das innere wie auch kosmische Geschehen der Wandlung hineinzunehmen.

Da das geheimnisvolle innerseelische Geschehen zwischen dem Schöpfer und seinem Geschöpf tiefer gehend kaum noch aussagbar ist, soll am Ende der Betrachtung die im Bild verborgene Zahlensymbolik entschlüsselt werden.

Dominikus liegt auf dem Boden, der aus rechteckig geformten Hölzern oder Fliesen besteht. Sie sind zweiundzwanzigmal in Viererreihen angeordnet. In der Heiligen Schrift ist die Zahl Vier Hinweis auf die von Gott erschaffene Welt. Aber auch in anderen Kulturen symbolisiert sie das irdische Universum und die kosmische Ordnung. Es gibt vier Himmelsrichtungen, vier Jahreszeiten und vier Elemente. Die vier Kardinaltugenden sind: Klugheit, Gerechtigkeit, Starkmut und Mäßigung. Wie die Paradiesesströme die vier Bereiche der Erde bewässern, so tragen die vier Evangelisten das Wasser der Offenbarung in alle Weltgegenden.

Nach Augustinus ist die Zahl Vier die des Körpers und die Zahl Drei die der Seele. Fast auf jedem christlichen Bild ist ein Dreiklang entweder versteckt oder offen dargestellt. Auf dieser Miniatur sieht man deutlich die drei Falten der grünen Altardecke. Man hört in der Weite des Raumes das „Ehre sei dem Vater und dem Sohn und dem Heiligen Geist" widerhallen. Das Fundament des christlichen Glaubens ist die Heilige Dreifaltigkeit.

Die Drei als Symbol Gottes ist daher eine besonders herausragende Zahl. Sie bedeutet die Überwindung der Entzweiung und drückt in ihrem den Anfang, die Mitte und das Ende umfassenden Wesen die Vollkommenheit aus. Die drei Engel, die Abraham erscheinen, weisen auf den einen Gott hin. Die drei Jünglinge im Feuerofen lobpreisen ihn, und die drei Könige huldigen dem Mensch gewordenen Gottessohn. Im Bild klingt an, dass auch Glaube, Hoffnung und Liebe eine Dreiheit bilden.

Die Welt möchte in ihrem tiefsten Wesen mit Gott eins werden, und gleichzeitig ist es die Sehnsucht Gottes, die Welt mit sich zu vereinen. Aus dieser Bewegung entsteht die heilige Zahl Sieben. Immer wieder begegnet uns in der Heiligen Schrift die Sieben an bedeutender Stelle, wenn vom Handeln Gottes mit den Menschen die Rede ist: angefangen vom siebten Tag der Weltschöpfung, dem Ruhetag Gottes und seines Volkes, über die sieben Bitten des Vaterunser, die sieben Gaben des Heiligen Geistes, die sieben Sakramente bis hin zum „Buch mit den sieben Siegeln".

Ein letzter Blick auf den oberen Rand des Bildes lässt zwölf geöffnete Rundbogen-Fenster erkennen. Die Zahl Zwölf bezeichnet im Alten Testament die zwölf Söhne Jakobs als Stammväter der zwölf Stämme Israels. Im Neuen Testament sind es die zwölf Apostel, die zu den tragenden Säulen der Christenheit wurden. Das Fundament der himmlischen Stadt, das neue Jerusalem, besteht aus zwölf Grundsteinen, und ihre Stadtmauer hat zwölf Tore.

Dem Maler, der in den ersten Bildern in besonderer Weise die demütige Haltung des heiligen Dominikus darstellt, dürfte die Regel des heiligen Benedikt bekannt gewesen sein, die in ihrem siebten Kapitel die zwölf Stufen der Demut enthält.

¶ **Heilige Schrift**

So musstest du deinen Rücken zum Fußboden machen, zum Weg für die, die über dich schritten. ¶
    Jesaja 51, 23 b

Für ihn (den Herrn) will ich mich gern noch geringer machen als diesmal und in meinen eigenen Augen niedrig erscheinen. ¶
    2 Samuel 6, 22 a

Geboren atmete auch ich die gemeinsame Luft, ich fiel auf die Erde, die Gleiches von allen erduldet, und Weinen war mein erster Laut wie bei allen. ¶
    Weisheit 7, 3

Sie verneigten sich, warfen sich vor dem Herrn nieder, mit dem Gesicht zur Erde. ¶
    Nehemia 8, 6 b

Da verneigte sich Joschafat mit dem Gesicht zur Erde. Auch alle Judäer und die Einwohner Jerusalems fielen vor dem Herrn nieder und beteten ihn an. ¶
    2 Chronik 20, 18

Und er (Jesus) ging ein Stück weiter, warf sich zu Boden und betete. ¶
    Matthäus 26, 39

Wer den Vater ehrt, erlangt Verzeihung der Sünden. ¶
    Jesus Sirach 3, 3

Da bekannte ich dir meine Sünde, und verbarg nicht länger meine Schuld vor dir. Ich sagte: ich will dem Herrn meine Frevel bekennen. Und du hast mir die Schuld vergeben. ¶
    Psalm 32, 5

Seht, das Lamm Gottes, das die Sünde der Welt hinwegnimmt. ¶
    Johannes 1, 29 b

Er hat unsere Sünden mit seinem Leib auf das Holz des Kreuzes getragen, damit wir tot seien für die Sünden und für die Gerechtigkeit leben. Durch seine Wunden seid ihr geheilt. ¶
    1. Petrusbrief 2, 24

Danach blickte er (Jesus) zum Himmel auf, seufzte und sagte zu dem Taubstummen: Effata: das heißt: Öffne dich! ¶
    Markus 7, 34

Im gegenwärtigen Zustand seufzen wir und sehnen uns danach, mit dem himmlischen Haus überkleidet zu werden. ¶
    2. Korintherbrief 5, 2

Selig, die ihr jetzt weint, denn ihr werdet lachen. ¶
    Lukas 6, 21 b

Vor dem Herrn, deinem Gott, sollst du dich niederwerfen und ihm allein dienen. ¶
    Matthäus 4, 10 b

Aber die Stunde kommt, und sie ist schon da, zu der die wahren Beter den Vater anbeten werden im Geist und in der Wahrheit; denn so will der Vater angebetet werden. Gott ist Geist, und alle, die ihn anbeten, müssen im Geist und in der Wahrheit anbeten. ¶
    Johannes 4, 23–24

Für sie bitte ich; nicht für die Welt bitte ich, sondern für alle, die du mir gegeben hast; denn sie gehören dir. Ich bitte nicht, dass du sie aus der Welt nimmst, sondern dass du sie vor dem Bösen bewahrst. ¶
    Johannes 17, 9.15

Übung „Wirf ab, was dich belastet"

LEGE DICH MIT dem Rücken auf den Boden. Die Beine sind gestreckt, die Arme ruhen neben dem Körper, die Handflächen berühren den Boden.
- Spüre von den Fersen aufwärts, mit welchen Stellen dein Körper die Erde berührt: mit den Waden, dem Gesäß, dem Rücken, dem Schultergürtel, den Armen und Händen, dem Hinterkopf.
- Lass dich im Ausatmen los und folge dabei der Erdenschwere. Fühle, dass die Erde dich trägt und es gut mit dir meint.

- Nimm auch die Bereiche deines Körpers wahr, die Widerstand leisten oder den Bodenkontakt nicht empfinden. Schließe die Augen und führe den Einatem tiefer in dich hinein. Spüre, wie beim Ausatmen die Bauchdecke sich senkt und sich beim Einatmen hebt.
- Lege alles, was dich körperlich, geistig und seelisch belastet, in den Ausatem und lass alles vertrauend los.
- Öffne nun in deiner Vorstellung die Bereiche deines Körpers, die nach oben, zur Decke und zum Himmel weisen: die Füße, die Schienbeine, die Knie und Oberschenkel, das Becken, die Leibmitte, die Brust, den Hals und das Gesicht.
- Entspanne die Gesichtsmuskulatur und glätte die Stirn. Öffne den Mund und löse den Unterkiefer – so, als ob du gähnen wolltest. Indem du den Unterkiefer fallen lässt, gibst du alle Verbissenheit ab.
- Beende die Übung, gönne dir eine Ruhephase und nimm wahr, was sich verändert hat.

Du lernst, dich vertrauend loszulassen, indem du Kontakt mit der Erde aufnimmst, die dich trägt und für dich sorgt. Du gibst alle Anspannung an sie ab, und die Spannung in deinen Muskeln wie auch in deinem Nervensystem harmonisiert sich. Dir wird deine Verbissenheit bewusst, und du merkst, wie du sie auf einfache Weise abgeben kannst. Du machst die wichtige Erfahrung, im eigenen Grund zu ruhen und angenommen zu sein.

Neue Lebenskräfte entfalten sich, und du wirst dankbar Entlastung spüren, besonders wenn du dir zu sehr Sorgen um die Zukunft gemacht hast oder dich für Fehler der Vergangenheit schuldig fühlst.

Meditation „Den Weg frei machen"

AM BODEN LIEGEN und aus tiefstem Herzen seufzen ist mir gut vertraut. Es war eine schreckliche Zeit, die ich ertragen musste, bis sich ein Durchbruch auftat und ich mich wieder aufrichten konnte. Eine übereilte und unüberlegte Handlung, die sich belastend auch auf einen anderen Menschen auswirkte, brachte mich förmlich zu Fall. Ich sah zwar sofort ein, dass das, wozu ich mich hatte hinreißen lassen, dem anderen und mir Schaden zugefügt hatte, ahnte jedoch nicht die gravierenden seelischen und körperlichen Folgen.

Immer stärker werdender Schwindel, der mit einer undefinierbaren Angst einherging, überfiel mich. Von Tag zu Tag wuchs das Gefühl innerer Gefangenschaft. Ich fühlte ständig, aus meiner eigenen Mitte heraus in ein bodenloses Etwas gerissen zu sein; ich fühlte mich ständig der Kritik ausgesetzt und empfand starke Schuldgefühle. Selbst für meine eigene Familie war ich unerreichbar – ich sah mich wie abgespalten von ihr. Auch anderen lieben Menschen und allem Vertrauten gegenüber entfremdete ich mich durch eine unaufhaltsam fortschreitende Angst machende Bewegung. Dieser Zustand ohne inneren Halt verschlimmerte sich von Tag zu Tag. Das Erschreckende an dieser progressiven Schwindel- und Angstsituation war, dass von den Ärzten keine Ursache festgestellt werden und somit auch keine Behandlung erfolgen konnte. Die Psyche jedoch litt entsetzlich. Niemals in meinem Leben habe ich Grausameres erfahren: Gefangensein in mir selbst, ständig Angst machende Gefühle und Gedanken aushalten – und vor allem, das belastende Schuldbewusstsein ertragen müssen. Trotz lähmender Furcht und Angst, mich anderen Menschen gegenüber zu offenbaren, fasste ich Mut, mich einem geistlichen Menschen anzuvertrauen. Hätte ich gewusst, welch heilende und die Seele stärkende Kraft diese Gespräche haben und vor allem das am Ende stehende Sakrament der Versöhnung, wäre ich bestimmt weitaus eher diesen Weg gegangen.

Der Geistliche führte mich in eine Gesprächsmethode ein, die er „freies Assoziieren" nannte. Er stellte es mir frei, dabei zu sitzen, zu stehen oder zu liegen. Ich legte mich und schloss die Augen. In der von ihm vorgegebenen Zeit von dreißig Minuten hatte ich die Möglichkeit, die sich von selbst einstellenden Gefühle und Gedanken durch Worte und Gesten auszudrücken. Hemmungen stellten sich mir jedoch in den Weg, und betroffenes Schweigen war das Resultat. Mein Gegenüber versicherte mir noch einmal, dass seine Aufgabe „nur" darin bestünde, mir in dieser Zeit der freien Assoziation zuzuhören, und dass er später nicht auf das von mir Gesagte eingehen würde – ausgenommen, es sei mein ausdrücklicher Wunsch, mit ihm darüber zu sprechen.

Und auf einmal löste sich eine starke Verkrampfung in mir, und ich begann, mich auszudrücken. Die liebevolle Wachheit und Achtsamkeit, die mir wie ein beredtes Schweigen entgegengebracht wurde, förderte meinen Ausdruck in jeglicher Hinsicht. Schon nach einigen Wochen der „Behandlung" setzte durch Befreiung Heilung ein.

Und eines Tages sagte mein geistlicher Begleiter zu mir – eher scherzhaft, aber wohl wissend: „War es doch Martin Luther, der immer wieder empfahl, ‚einen langen Seufzer fahren zu lassen', um frei zu werden für Gott, die Menschen und das Leben!"

Die dritte Gebetsweise

IM ANSCHLUSS AN das soeben beschriebene Gebet und aus gleicher Intention erhob er sich vom Boden und gab sich selbst Hiebe mit einer Eisenkette. Er sprach dabei die Worte: „Die Disziplin hat mich wieder auf das Ziel ausgerichtet."[1]

Daher kommt es, dass für den gesamten Orden gilt: Alle Brüder sollen sich voller Verehrung an das Beispiel des heiligen Dominikus erinnern. An allen Vorabenden der liturgischen Feste sollen sie nach der Komplet während der Psalmen-Rezitation „Gott, sei mir gnädig nach deiner Huld"[2] oder „Aus der Tiefe rufe ich, Herr, zu dir"[3] Schläge mit der Holzrute über den entblößten Rücken empfangen. Dies soll entweder zur Sühne der eigenen Sünden geschehen oder der der anderen, von deren Almosen sie ja leben.

Von diesem geheiligten Beispiel darf sich keiner, so schuldlos er auch sein mag, ausnehmen.

Die getreue Abbildung dieses Beispiels ist die folgende.

---

[1] Psalm 18, 36 (Psalm 17, 36 Vulgata)   [2] Psalm 51, 3   [3] Psalm 130, 1

Bild-Betrachtung

Ein „vielschichtig" beeindruckendes Bild ist das der dritten Gebetsweise. In knieender Haltung schlägt sich Dominikus mit einer Eisenkette auf den entblößten Rücken. Er schaut dabei auf den Gekreuzigten in der Hoffnung, Ihm entgegenzukommen. Er hat sich entblößt, da auch Christus entblößt wurde. Durch schmerzhafte Schläge, die er sich selbst zufügt, versucht er, dem gegeißelten und gekreuzigten Christus seine Liebe zu zeigen. Dominikus möchte sich mit Gewalt Christus nähern, indem er Ihn nachahmt.

Würde Christus, der sich weder selbst geißelte noch die Geißelung empfahl, sie als Fehlform des Vollkommenheitsstrebens verwerfen? Erstmals im achten Jahrhundert wird die Geißelung als freiwillige Bußübung des Einzelnen erwähnt von Pardulf, Abt von Guéret. Die frühesten Darstellungen sind Illustrationen des neunten Jahrhunderts. Besonders ab dem zwölften Jahrhundert versuchte man vornehmlich in den Klöstern, durch bewusst auferlegte körperliche Schmerzen die Passion Christi nachzuvollziehen. Es galt, den Leib als „Sitz der Begierde und Sünde" zu kasteien, um sich durch das Ertragen solcher Schmerzen mit Christus und den Märtyrern zu identifizieren. So wurde die in mittelalterlichen Klöstern verwendete Geißel zur Selbstkasteiung zu einem Symbol der Nachfolge Christi. Durch Gewaltanwendung bei sich selbst und durch Abtötung eigener Triebe sollten die dämonischen, das Leben bedrohenden Mächte vertrieben und die durch Sünde gestörte Beziehung zwischen Mensch und Gott wieder hergestellt werden.

Auf unserem Bild schlägt sich Dominikus mit der Eisenkette, die er in seiner rechten Hand trägt, so heftig, dass sein Rücken von Blut überströmt ist. Selbst sein unteres Gewand ist davon durchtränkt. Das Blut gehörte in fast allen Kulturen zu einem allgemeinen Sühnemittel. Das Blut Christi strömt aus

© Biblioteca Apostolica Vaticana (Vatikan), Cod. Ross. 3 fol. 7 r.

seiner Seitenwunde auf die Altardecke und färbt sie in das Rot des Opferblutes.

Ob der Maler mit dieser Darstellung sagen wollte, dass damit für alle Zeiten das Blutvergießen ein Ende haben sollte, bleibt offen. Auf jeden Fall trennt er auf der Miniatur durch den strengen Mittelbalken der Wandverkleidung nicht nur räumlich, sondern auch innerlich Dominikus von Christus. Die Geste der linken Hand, die er fragend nach Christus ausstreckt, unterstreicht seinen flehentlichen Gesichtsausdruck. Will die strenge Zweiteilung des Raumes sagen, dass durch eine so ungeheuerliche Handlungsweise der Mensch eher von Gott getrennt als zu ihm geführt wird? Das einzig verbindende Element auf diesem Bild ist das kleine geöffnete Querfenster über dem senkrechten Mittelbalken, durch das Luft und Licht in den engen Raum kommen. Es vermittelt ebenso dem Betrachter eine wohltuende Entspannung der gegensätzlichen Kräfte, die sich in diesem Raum aufgebaut haben und nicht zueinander finden können. Die nach innen weisenden unteren Versatzstücke der Außenmauern verstärken das Gefühl der Enge und lassen den äußeren und inneren Raum noch isolierter erscheinen.

Bemerkenswert ist, dass in den ersten Grundkonstitutionen des Ordens, die noch unter Dominikus aufgestellt wurden, die Selbstgeißelung nicht erwähnt wird. Das Konstanzer Konzil (1414 bis 1418) trat den Geißelungen entschieden entgegen und betonte den gravierenden Unterschied zwischen der Nachahmung und der Nachfolge Christi.

Im Mittelpunkt der Sendung Jesu, der die Gewaltlosigkeit lebte und lehrte, steht das göttliche Heilswirken und die Liebe – nicht die Abtötung oder das Verletzen gottgeschaffener Lebenskräfte.

Zum Glück erhebt sich Dominikus wieder und verlässt diesen Raum.

¶ Heilige Schrift

Sie haben mich oft bedrängt von Jugend auf, doch sie konnten mich nicht bezwingen. Die Pflüger haben auf meinem Rücken gepflügt, ihre langen Furchen gezogen. Doch der Herr ist gerecht, er hat die Stricke der Frevler zerhauen. ¶
Psalm 129, 2–4

Dann werde ich ihr Vergehen mit der Rute strafen und ihre Sünde mit Schlägen. ¶
Psalm 89, 33

Wer hält eine Peitsche bereit für mein Denken und eine Zuchtrute für mein Herz, um ihre Vergehen nicht zu schonen und ihnen keine Sünden zu gestatten? ¶
Jesus Sirach 23, 2

Ich hielt meinen Rücken denen hin, die mich schlugen, und denen, die mir den Bart ausrissen, meine Wangen. Mein Gesicht verbarg ich nicht vor Schmähungen und Speichel. Doch Gott der Herr wird mir helfen. ¶
    Jesaja 50, 6–7a

Und sie spuckten ihn an, nahmen ihm den Stock wieder weg und schlugen ihm damit auf den Kopf. ¶
    Matthäus 27, 30

Darauf ließ Pilatus Jesus geißeln. ¶
    Johannes 19, 1

Und alle, die zu diesem Schauspiel (Tod Jesu) herbeigeströmt waren und sahen, was sich ereignet hatte, schlugen sich an die Brust und gingen betroffen weg. ¶
    Lukas 23, 48

Gürtet das Trauergewand um und schlagt auf die Brust, ihr Priester. ¶
    Joel 1, 13a (Zürcher Bibel)

Ja, nach meiner Umkehr fühle ich Reue; nachdem ich zur Einsicht gekommen bin, schlage ich an meine Brust. ¶
    Jeremia 31, 19a

Der Zöllner aber blieb ganz hinten stehen, und wagte nicht einmal, seine Augen zum Himmel zu erheben, sondern schlug sich an die Brust und betete: Gott, sei mir Sünder gnädig! ¶
    Lukas 18, 13

Übung „Finde zu dir, indem du aus dir herausgehst"

Diese Übung besteht aus einem gezielten Schlagen an die Brust – wie aus den eben erwähnten Bibelzitaten hervorgeht. Sie ist von alten religiösen Traditionen abgeleitet und stärkt den Körper, das Nervensystem und das Bewusstsein.

Wird zu Beginn der Heiligen Messe beim Bekenntnis das Wort „Schuld" ausgesprochen, schlagen die Gläubigen an ihre Brust. Die Welt in uns wird aufgeweckt und befreit, so dass wir uns dem Wesentlichen zuwenden können.

Nicht eine Selbstkasteiung als schwächende Bußübung, sondern ein „heilsamer" Druck auf den Körper soll zum Heil führen. Die Bedeutung und die Praxis dieses aussagestarken und belebenden Tuns ist heute kaum noch lebendig oder bis zur reinen Veräußerlichung abgeschwächt.

Diese Übung möchte dazu beitragen, die oft unterbrochene oder gar zerrissene Einheit von Leib und Seele in ihrer ursprünglichen Harmonie wieder herzustellen. Sie möchte uns nicht nur den heilbringenden Kräften in uns selbst öffnen, sondern uns auch öffnen für die Kräfte des Himmels.

Du kannst diese Übung im Sitzen, Liegen oder Stehen ausführen.

- Leg alle Anspannung in den Ausatem und lass dich besonders in den Schultern los.
- Spüre die Wirkung der Schwerkraft auf deinen Körper. Gehe aufmerksam in diese Bewegung hinein. Du weißt: Du bist ein Teil dieser Erde.
- Gehe mit deiner Aufmerksamkeit nun in deine Hände – bis in die Fingerspitzen.
- Führe deine rechte Hand bis vor die Brust und schlage mit den Fingerspitzen – der Daumen ist ausgenommen – auf dein Brustbein. Das Klopfen an deine eigene Tür sollte weder zu zaghaft sein noch Schmerzen verursachen.
- Wünsche dir, deine Seele möge sich dem Unendlichen öff-

nen und verbinde damit die Bitte, Gottes Liebe und seine Gnade mögen in dir lebendig werden.
- Sei in dieser Bewegung ganz gegenwärtig und lote im Klopfen die Stelle des Brustbeines aus, bei der du eine tiefere Wirkung nach innen hin spürst.
- Gehe behutsam mit dir um und füge dir keine Schmerzen zu.
- Spüre die rechte Zeit zum Beenden der Übung – dehne sie nicht übermäßig aus. Schließe die Augen und spüre der Bewegung und ihrer Auswirkung nach.
- Nimm die wohlige Wärme wahr, die sich in deinem Körper entfaltet, genieße sie und mache dich auf „zu neuen Taten".

Du überwindest Trägheit, förderst Wachheit und merkst, dass du dich besser konzentrieren kannst. Ist dein Energie-Niveau niedrig, schöpfst du spontan neue Kraft. Die natürliche Selbstheilkraft des Körpers wird angeregt – ebenso der Blutkreislauf und somit die Lebensenergie, die sich entfalten möchte. Sich zu öffnen ist notwendig, um ausstrahlen zu können. Sich zu öffnen tut jedoch manchmal weh, da man zu lange verschlossen war.

Deine Hand erzeugt gleich bleibende Schwingungen auf deinem Brustbein, unter dem die Thymusdrüse liegt. Die Aktivierung dieser Drüse beeinflusst das Immunsystem. Zum Immunsystem gehören verschiedene Gewebe wie das Knochenmark, die Thymusdrüse, die Milz, die Mandeln und viele mobile Immunzellen, die Viren, Bakterien oder Pilze im Blut aufspüren und vernichten. Je höher der psychische Stress ist, desto schlechter sind die Immunfunktionen.

Nach dieser Übung fühlst du dich gestärkt wie nach einem Spaziergang an frischer Luft. Und wisse: Auf die Brust schlägt man sich selbst – auf den Rücken dagegen schlagen andere.

Meditation „Der Weg, den du gehst, ist zu abschüssig"

EINE ALTE ORIENTALISCHE Geschichte aus dem vierten Buch Mose (Kapitel 22) erzählt von Bileam, einem Seher, der mit seiner Eselin unterwegs ist. Ein Engel tritt ihm mit einem gezückten Schwert in den Weg, um seine Richtung zu ändern. Bileam, der in seinem eigenen Wollen verhaftet ist, erkennt dieses Zeichen Gottes nicht. Seine Eselin dagegen ist sehend und weicht der Gefahr aus. Bileam schlägt auf sie ein und führt sie mit Gewalt auf den Weg zurück. Und wieder tritt ihm der Engel in mahnender Absicht entgegen. Der Weg ist schmal und abschüssig. Die Eselin scheut und drückt das Bein Bileams gegen eine Weinbergmauer. Er schlägt sie erneut, um sie zu zwingen, den Weg mit ihm fortzusetzen. Als die Eselin den Engel des Herrn ein drittes Mal sieht, geht sie unter Bileam in die Knie. Er aber schlägt sie wütend mit dem Stock und hätte sie umgebracht, wenn er ein Schwert zur Hand gehabt hätte.

Da öffnet der Herr der Eselin den Mund: „Bin ich nicht dein Esel, auf dem du seit eh und je bis heute geritten bist?" Nun öffnet der Herr dem Bileam die Augen. Er sieht den Engel, der ihn fragt, warum er so auf seine Eselin eingeschlagen habe. Der Engel erklärt: „Der Weg, den du gehst, ist mir zu abschüssig. Die Eselin hat die Zeichen erkannt und ist dreimal ausgewichen." Bileam erkennt seine Schuld und antwortet: „Ich habe es getan, weil ich nicht wusste, dass du mir im Weg standest."

Sind es nicht Erfahrungen, die wir täglich machen? Gewaltsam wollen wir mit etwas fertig werden und zwingen unseren Körper dabei oft in die Knie. Bileam und seine Eselin stellen das Bild unseres Lebens dar. Die Eselin symbolisiert unseren Körper, der von Natur aus ein breites Sensorium hat, das aber oft durch überstarke Willensakte verödet ist. Hervorragende Anregungen können wir durch die Sprache unseres

Körpers empfangen – wenn wir ihn annehmen und lieben. Bileam dagegen erlebt seine Eselin als eine Frustration und schlägt mit Gewalt auf sie ein. Wenn wir uns anschicken, zu verfluchen, was Gott uns zum Segen auf unseren Weg sendet, geraten wir in einen Engpass, der immer ausweglöser werden muss. Unser Körper und unsere „animalische" Wahrnehmungsfähigkeit – die Eselin – erkennt zumeist weit früher als unser Bewusstsein die Gefahr eines drohenden Zusammenbruchs.

Viele Menschen sind zu stark verkopft und kennen nur Aufgaben und Leistung. Sie lassen sich von ihren eigenen Lebensentwürfen bestimmen und geben ihrer ureigenen Natur zu wenig Raum. Das Leben selbst jedoch entfaltet sich von unserem Inneren, unserer Seele her und geht zunächst als Strahlung und Stimmung in den Körper über. Es ist sehr wichtig, diesen Zusammenhang zu erkennen und zu erspüren, denn alle Strahlungen und Stimmungen „somatisieren" sich, bilden sich im Körper ab und aus. Auf dem Weg zur Persönlichkeitswerdung ist es unverzichtbar, auf die Sprache des Körpers zu achten und sie ernst zu nehmen. In vielen gefährdeten Lebenssituationen ist der Körper die letzte Bremse, um nicht in ein Chaos zu laufen.

Bileam musste es schmerzlich lernen, auf seine Eselin zu hören – auf die Sprache und die Macht des Körpers. Körper, Geist und Seele gehören in dieser Welt untrennbar zusammen. Nicht nur über den Geist, sondern auch über den Körper können wir zu den wahren Werten vordringen und zu dem kommen, was in uns ist.

Franziskus von Assisi hat all seinen Brüdern treu gedient – bis auf seinen „Bruder Leib", der der Einzige war, den er lieblos behandelte. Durch ständige Zucht und „nutzbringende" Arbeit hielt er seinen – wie er meinte – widerstrebenden und trägen Leib im Zaum. Daher nannte er seinen Leib „Bruder Esel", weil er schwere Lasten trug, häufig Schläge erhielt und minderwertiges Futter bekam. Dieses Lasttier war ausschließlich für ihn da, um seinem Willen und seinem Geist zu folgen. Kurz vor seinem Tod hielt Franziskus endlich mit seinem Leib

Zwiesprache. Und der Leib fragte ihn: „Aber, Vater, wo ist denn deine Höflichkeit? Benimmt man sich so gegenüber einem treuen Freund? Welchen Dienst hättest du für Christus, deinen Herrn, bis jetzt vollbringen können ohne die Hilfe deines Leibes? Hat er sich nicht jeder Gefahr ausgesetzt?" „Du hast Recht", antwortete Franziskus, „sei nun froh, Bruder Leib, und vergib mir. Ich bin jetzt bereit, dir alles zu gestatten, was du verlangst."

Die vierte Gebetsweise

Danach pflegte der heilige Dominikus vor den Altar zu treten oder in den Kapitelsaal zu gehen. Voller Aufmerksamkeit richtete er seinen Blick fest auf den Gekreuzigten, wobei er einmal, zweimal, ja – oftmals niederkniete.

Sehr oft verbrachte er so die ganze Zeit nach der Komplet bis Mitternacht, indem er eine Zeit lang aufrecht stand, dann wieder niederkniete wie der Apostel Jakobus[1] oder der Aussätzige im Evangelium, der auf den Knien bat: „Wenn du willst, kannst du machen, dass ich rein werde."[2] Oder auch wie Stephanus, der auf die Knie sank und mit lauter Stimme rief: „Herr, rechne ihnen diese Sünde nicht an."[3]

Und so wuchs beim heiligen Vater Dominikus großes Vertrauen in die Barmherzigkeit Gottes, und zwar in Bezug auf sich selbst, auf alle Sünder sowie auch auf das Treubleiben der jungen Mitbrüder, die er ausgesandt hatte, um den Menschen zu predigen.

So manches Mal konnte er seine Stimme nicht zurückhalten, und dann hörten ihn seine Brüder beten: „Zu dir rufe ich, Herr, mein Fels. Wende dich nicht schweigend ab von mir …"[4] Und er sprach weiterhin einige andere ähnliche Worte aus der Heiligen Schrift. Zuweilen jedoch sprach er nur in seinem Herzen, so dass man seine Stimme nicht hören konnte. Dabei kniete er – ganz in sich selbst versunken – über längere Zeit.

Bei dieser Art des Betens schien es, als habe sein Geist den Himmel durchdrungen; sein Gesicht strahlte plötzlich vor Freude, und er wischte sich die fließenden Tränen ab. Es war, als empfände er ein großes Verlangen – so wie es ein Durstiger verspürt, der endlich zur Quelle gelangt, oder ein Wanderer, der nach langer Reise seiner Heimat nahe ist. Er gewann neue Kraft und Energie, was sich in seinen zusehends bewegteren, aber doch würdevollen Gesten zeigte.

© Biblioteca Apostolica Vaticana (Vatikan), Cod. Ross. 3 fol. 8 r.

Wiederholt richtete er sich auf und kniete erneut nieder. Das Beugen der Knie war ihm so zur Gewohnheit geworden, dass er selbst auf Reisen, ja sogar auf den Straßen, in den Gasthäusern nach den Anstrengungen des Weges – während die anderen schliefen – diese besondere Gebetsweise pflegte. Das kniende Beten war Ausdruck seiner persönlichen Art der Anbetung.

Und so zu beten lehrte er seine Brüder mehr durch sein Beispiel, wie die Darstellung zeigt, als durch viele Worte.

(1) Epheserbrief 3,14   (2) Markus 1,40b
(3) Apostelgeschichte 7,60b   (4) Psalm 28,1

Bild-Betrachtung

DIE ABBILDUNG DER vierten Gebetsweise des Dominikus erinnert an einen Vers aus dem Buch Daniel, in dem es heißt: „Als Daniel erfuhr, dass das Schreiben unterzeichnet war, ging er in sein Haus. In seinem Obergemach waren die Fenster nach Jerusalem hin offen. Dort kniete er dreimal am Tag nieder und richtete sein Gebet und seinen Lobpreis an seinen Gott, ganz so, wie er es gewohnt war" (Daniel 6,11).

Dominikus ist über eine Schwelle in diesen lichterfüllten Raum getreten. Die schwere viergliedrige Holztür hat er hinter sich geschlossen. Der Maler will damit sagen, dass Dominikus während der Zeit seines Gebetes die „Welt" hinter sich gelassen hat. Um jedoch in diesen Raum des Lichtes und damit in die größere Nähe Gottes zu gelangen, ist es notwendig, sich kleiner zu machen. Dies spiegelt nicht nur die Größe der Tür wider, sondern in besonderer Weise die kniende Haltung, die Dominikus als Erstes einnimmt. Dominikus tritt vor den Altar, kniet nieder und richtet sein Gebet an Christus. Die Hände des knienden Dominikus deuten an, dass sein Herz weit und ganz geöffnet ist. Zwischen ihm und dem Gekreuzigten befinden sich zwei lichte Fenster, die den Blick auf „Jerusalem hin" freigeben. Die beiden Fenster über der Tür dagegen sind geschlossen und dunkel. Ob sie den Bereich symbolisieren, den das Licht vom Licht noch nicht beleuchtet hat? Obwohl Dominikus seinen Blick fest auf den gekreuzigten Christus richtet, schaut er „weiter" und erhält innere Orientierung. Durch sein Beten hat er ein solches Vertrauen in die Barmherzigkeit Gottes gewonnen, dass sich sein Herz und sein Blick weiten. Durch, mit und in Christus wird ihm der Ausblick auf die Auferstehung, auf Ostern, gewährt.

Spiegelt nicht der in ein leuchtendes Gold-Gelb getauchte Raum diese österliche Dimension wider? Der gold- oder gelbfarbene Bildgrund in der mittelalterlichen Malerei deutet allgemein auf das himmlische Licht und damit auf die nicht sichtbare Gegenwart Gottes; im Besonderen aber auf die Auferstehung und Verklärung Jesu Christi. Und somit wird die Farbe Gelb zum Symbol des offenbarten Lichtes, zur Farbe der himmlischen Freude und der Ewigkeit. Auch in anderen Kulturen bezeichnet die Farbe der Sonne das Zentrum des Universums.

Sein eher heiterer Gesichtsausdruck und die von seinem Herzen ausgehende aufwärts weisende Bewegung seiner Hände zeigen, wie er aus tiefer Freude sich der göttlichen Strahlkraft geöffnet hat. Öffnet sich nicht ebenso das gesamte Bild für den Betrachter, wenn er es lange anschaut?

Die blaue, auf den Kosmos weisende Farbe gibt dem Rahmen der Miniatur eine besondere Bedeutung. Zum einen begrenzt er – ohne es einzuengen – das überflutende goldene Licht, damit es das Auge nicht blendet; zum anderen weist er durch die „geisterfüllte" blaue Farbe und seine Form auf die Schönheit und Geordnetheit der Schöpfung hin. Die dem Menschen zugewandten vier roten Formationen des Rahmens stellen eine Verbindung zum Opferblut Christi her und weisen auf das Innere des Menschen.

Wir sehen Dominikus in aufrechter Haltung knien. Es ist, als opfere er einen Teil seiner Größe dem Herrn. Ein Wort aus dem geistlichen Tagebuch von Papst Johannes XXIII. lautet: „Nie ist der Mensch größer, als wenn er kniet." Ich mache mich zwar klein vor dem großen Gott, bin aber nicht ein Nichts, sondern etwas Geheimnisvoll-Wesentliches und Großes durch Ihn. Man spürt, wie Dominikus dem Knien Inhalt und Seele gibt. Er ist nicht nur mit Körper, Geist und Seele ganz gegenwärtig, sondern er öffnet auch sein Herz, das sich in Ehrfurcht vor Gott neigt. Das Knien vor Gott wird somit zum Ausdruck der Anbetung.

Was hier auf dem Bild geschieht – Dominikus betet im Heiligen Geist durch, mit und in Christus den barmherzigen Vater an –, lässt sich im Grunde ebenso wenig aussagen, wie Gott selbst unaussagbar ist. „Der Wahrheit kann man sich nur nähern durch Anbetung", sagt Kardinal Newman. Dominikus wird hier in seiner Anbetung unmittelbar ergriffen von der

Wirklichkeit Gottes. Vielleicht gibt uns diese Gebetsweise eine leise Ahnung von dem, was Anbetung ist.

Nach dem Knien erhebt sich Dominikus wieder und steht in aufrechter Haltung schweigend und staunend vor Gott. Das Beten im Stehen wird erneut zu einem starken Ausdruck seines Inneren: hörend und bereit, zu empfangen. Das Stehen tut gut, es macht uns frei für den, der uns sucht und mit seinem Wesen in uns anwesend sein möchte.

Beide Hände des Dominikus sind geöffnet und weisen zu Boden. Er hat alles und sich selbst losgelassen, um sich in dieser Hingabe ganz auf Ihn, Christus, zu verlassen. Die linke, vom Herzen kommende Hand wird sogar zur Mitte des Bildes, zur Schwelle, die in einen Raum innerer Gottesbegegnung führt.

Verbindet man die sich gegenüber liegenden Ecken des Bildes geradlinig, indem man die Diagonalen zieht, erhält man aus den vier Eckpunkten einen fünften Punkt („quintum punctum"). Dieser Punkt ist der geheime Mittelpunkt des Bildes und offenbart seine Quintessenz: die auf Christus hin geöffnete linke Hand des Dominikus.

Die Meditation am Ende dieser vierten Gebetsweise wird den Betrachter noch tiefer in diese geistliche Mitte der Miniatur führen.

¶ Heilige Schrift

So will ich zum Altar Gottes treten, zum Gott meiner Freude. ¶
    Psalm 43, 4 a

Daher beuge ich meine Knie vor dem Vater, nach dessen Namen jedes Geschlecht im Himmel und auf der Erde benannt wird. ¶
    Epheserbrief 3, 14–15

Kommt, lasst uns niederfallen, uns vor ihm verneigen, lasst uns niederknien vor dem Herrn, unserem Schöpfer! ¶
Psalm 95, 6

Ich weiß, mein Gott, dass du die Herzen prüfst und an Aufrichtigkeit Gefallen hast. Mit aufrichtigem Herzen habe ich dies alles gegeben. ¶
1 Chronik 29, 17 a

Zuverlässige Belehrung kam aus seinem Mund, nichts Verkehrtes fand sich auf seinen Lippen, in Frieden und Aufrichtigkeit ging er mit mir seinen Weg, und viele hielt er davon ab, schuldig zu werden. ¶
Maleachi 2, 6

Denn es heißt in der Schrift: So wahr ich lebe, spricht der Herr, vor mir wird jedes Knie sich beugen, und jede Zunge wird Gott preisen. ¶
Römerbrief 14, 11

Viele werden es sehen, sich in Ehrfurcht neigen und auf den Herrn vertrauen. Wohl dem Mann, der auf den Herrn sein Vertrauen setzt. ¶
Psalm 40, 4 b–5 a

Nur Stille und Vertrauen verleihen euch Kraft. ¶
Jesaja 30, 15 b

Darum hat ihn Gott über alle erhöht und ihm den Namen verliehen, der größer ist als alle Namen, damit alle im Himmel, auf der Erde und unter der Erde ihre Knie beugen vor dem Namen Jesu. ¶
Philipperbrief 2, 9–10

Ein Aussätziger kam zu Jesus und bat ihn um Hilfe; er fiel vor ihm auf die Knie und sagte: Wenn du willst, kannst du machen, dass ich rein werde. ¶
Markus 1, 40

Wenn dein ganzer Körper von Licht erfüllt und nichts Finsteres in ihm ist, dann wird er so hell sein, wie wenn die Lampe dich mit ihrem Schein beleuchtet. ¶

    Lukas 11, 36

Während Mose vom Berg herunterstieg, wusste er nicht, dass die Haut seines Gesichtes Licht ausstrahlte, weil er mit dem Herrn geredet hatte. ¶

    Exodus 34, 29 b

Dann entfernte er (Jesus) sich von ihnen ungefähr einen Steinwurf weit, kniete nieder und betete. ¶

    Lukas 22, 41

Aber die Stunde kommt, und sie ist schon da, zu der die wahren Beter den Vater anbeten werden im Geist und in der Wahrheit; denn so will der Vater angebetet werden. ¶

    Johannes 4, 23

Übung „Lass los, um zu empfangen"

DEN ERSTEN TEIL dieser Übung, die eine besondere spirituelle Tiefendimension hat, solltest du im Knien, den zweiten Teil dann im Stehen ausführen.

- Gehe in einen ruhigen Raum, in dem du allein bist.
- Knie an einer Stelle nieder, die du als besonders angenehm empfindest: vielleicht dem Licht zu- oder abgewandt.
- Sei ganz in deinem Körper anwesend und spüre – von den Füßen beginnend – deine Knie, wie sie fest auf dem Boden ruhen, das Becken, die Wirbelsäule, den Schultergürtel, deinen Hals und deinen Kopf.

- Gehe in dieser knienden Haltung in die Aufrechte und nimm deinen Kopf als Verlängerung der Wirbelsäule wahr.
- Wenn es still um dich und in dir geworden ist, spüre deinen Atem. Spüre, wie die langsame und tiefe Bewegung des Zwerchfells kommt und geht.
- Führe deine Hände vor der Brust zusammen, so dass sich beide Handinnenflächen berühren. Die Fingerspitzen weisen nach oben.
- Beginne, beide Hände aus den Handgelenken heraus in einer lockeren und anstrengungslosen Auf- und Abbewegung zu schütteln. Wünsche dir, deine Seele möge sich dem göttlichen Licht öffnen.
- Beschleunige das Schütteln deiner Hände mit der Bitte, Gottes Liebe möge in dir lebendig werden.
- Erzeuge durch deine Hände, die deine Seele widerspiegeln, weiterhin diese gleich bleibenden Schwingungen. Spüre deine Mitte und wisse: Gott ist in deiner Seele gegenwärtig.
- Nach einer kurzen Pause, in der du deine Arme und Hände entlastest, solltest du diese Übung wiederholen ohne dich dabei anzustrengen.

Führe nun den zweiten Teil der Übung im Stehen durch. Suche dir dazu einen anderen Standort.

- Stelle dich aufrecht und nimm mit deinen Füßen Kontakt zum Boden auf. Gib in den Knien etwas nach.
- Atme aus und erlebe bewusst die tragende Wirkung der Schwerkraft.
- Stelle die Füße etwas weiter auseinander, um einen noch festeren Stand zu bekommen.
- Richte dich vom Becken her auf und dehne die Wirbelsäule.
- Strecke beim Ausatmen beide Arme leicht nach vorn; die Fingerspitzen deiner geöffneten Hände weisen zum Boden.
- Balle bei einem der nächsten Einatemzüge zwei kräftige Fäuste. Ziehe sie an deine Brust und beuge dabei die Ellenbogen.

- Im Ausatmen öffne die Hände wieder und strecke die Arme aus. Deine Fingerspitzen weisen wieder zum Boden.
- Stelle dir nun eine Verlängerung deiner Fingerspitzen vor. Gib beim Ausatmen alle Anspannung und alles, was nicht zu dir gehört, durch deine Hände an den Boden ab.
- Wenn du das Gefühl hast aufhören zu müssen, versuche trotzdem noch einmal weiterzumachen. Sich öffnen tut oft weh, da man so lange verschlossen war.

Alle Übungen haben einen äußeren und einen inneren Sinn. Im Knien spürst du noch besser den festen Grund, der dich trägt. Selbständig – ohne dich festhalten zu müssen – nimmst du Kontakt mit der Erde auf. Indem der Raum in dir weiter und dein Atem tiefer wird, erfährst du Befreiung vom Überdruck äußerer und innerer Spannungen. Durch diese leibhaftige Anrufung fällt das von dir ab, was nicht zu dir gehört. Bislang überlagerte Kräfte der Mitte werden frei. Du sprengst Grenzen und Vorurteile, die dich gefangen halten. Du fühlst – ohne dass dein Ego störend im Mittelpunkt steht –, dass du mit Wesentlichem in Verbindung stehst.

Abgeben und Annehmen, Ausatmen und Einatmen schwingen zusammen. Jedes Ausatmen ist ein Geben im Loslassen, das du vielleicht als Sterben bestimmter Ich-Strukturen empfindest, die deine innere Entwicklung blockieren. Das dein Wesen Verstellende wird im Loslassen abgebaut und das deinem eigentlichen Wesen Entsprechende wird aufgebaut. Somit wird jedes Einatmen zu einem neuen Empfangen. Um aber empfangen zu können, ist es notwendig, dich zu öffnen, was manchmal wehtun kann.

Du lernst durch diese Doppelübung zur Achtsamkeit, besseren Kontakt zu dir selbst und zu deiner Umgebung aufzunehmen. Hinzu kommt, dass du sowohl deine Intuition ungestörter wahrnehmen kannst als auch die Strahlungszone jenseits der sichtbaren Begrenzung deines Körpers.

Meditation
„Öffne die Hände und begreife"

Die linke, vom Herzen kommende Hand des Dominikus wird auf dieser vierten Miniatur zur geheimnisvollen und zugleich zur sich offenbarenden Mitte. Zwischen ihr und Dem, dem sie sich öffnet, ist leerer Raum, ein Raum der Stille, des Schweigens und des Lichtes.

„Herr, ich gebe mich ganz in deine Hände. Mache mit mir was du willst. Du hast mich für dich geschaffen. Ich will nicht mehr allein an mich selbst denken. Ich will dir folgen. Was willst du, dass ich tun soll? Geh deinen eigenen Weg mit mir. Was du auch forderst, ich will es tun" (Kardinal Henry Newman).

Die Hand ist in der Symbolsprache der am häufigsten dargestellte Teil des Menschen. Geöffnete Hände drücken die Aufnahmebereitschaft des Betenden aus. Er öffnet sich innerlich der Gnade und dem Licht des Himmels. Die zum Himmel weisenden Handflächen werden zu einer viel sagenden Geste – zu einem Zeichen des „Aushändigens" an den Willen und die Liebeszuwendung Gottes. Sich einem anderen aus-händigen heißt, sich in seiner Hand zu befinden, ihm ausgeliefert zu sein – aber auch unter seinem Schutz zu stehen. Sich Gott auszuliefern, kann letztlich nur etwas unendlich Gutes und Liebevolles bewirken. Wenn ich mich einem Menschen aushändige, kann ich mir unter Umständen etwas „einhandeln" – etwas, womit ich nicht gerechnet habe und was mein Leben vielleicht sogar außerordentlich beschweren kann.

Das Gegenteil der geöffneten Hand ist die Faust. Als Drohgebärde und Symbol der Kampfbereitschaft kann sie Krieg, Zorn, Streit und Aggression ausdrücken. Hände ballen sich zum Protest. Oft steckt aber keine Kampfbereitschaft hinter einer Faust, sondern die ungeheuerliche Ohnmacht, nichts ändern zu können. Eine ungeöffnete Hand kann Verschlossenheit, Hemmungen oder auch angstvolle Distanz ausdrücken.

Wenn ich den Friedensgruß anbiete, reiche ich nicht die Faust, sondern meine geöffnete Hand. Obwohl ich im Voraus nicht weiß, was ich mir „einhandeln" werde, händige ich mich dem anderen vertrauensvoll aus. Augustinus sagt von der Hand, dass sie Zeichen der Verbundenheit und Zeichen der Treue sei.

Die Hände des Dominikus sind in absoluter Hingabe geöffnet. Sie möchten berühren und empfangen, um weiterschenken zu dürfen. Die geheimnisvolle und sich gleichzeitig offenbarende Mitte des Bildes wird zu einem liebenden Du-Sagen durch die menschliche Hand. Die geöffnete Hand lässt spüren, dass der Lebensstrom frei fließen kann und die Seele bereit ist, das zu empfangen, wonach sie sich sehnt. Die Kirche sagt, Gott habe uns die Hand gegeben, dass wir „die Seele darin tragen".

„Denn all das hat meine Hand gemacht; es gehört mir ja schon – Spruch des Herrn" (Jesaja 66, 2 a).

Die „rechte Hand Gottes" ist das älteste Symbol Gottvaters. In christlicher Frühzeit wurde allein durch die Darstellung einer Hand die Gegenwart Gottes ausgedrückt. Gottvater als menschliche Person abzubilden galt nicht nur als unmöglich, sondern auch als Mangel an Ehrfurcht.

In Jesus Christus händigt sich Gott uns total aus. Daher wird Christus auch in der späteren Bildkunst als „die rechte Hand Gottes" bezeichnet. Jesus reicht uns immer und immer wieder die geöffnete Hand und drückt damit das menschliche Entgegenkommen Gottes aus – ein Hineingehen in die Menschenwelt bis zum Äußersten. Die durchbohrten Hände Jesu am Kreuz sind geöffnet – im hingebenden und liebenden Entgegenkommen geöffnet, bis die gesamte Schöpfung von Dunkelheit und Schatten des Todes befreit ist. Jesu Hände sind stillgelegte Hände, und doch tragen sie unser Leben, ja, sie tragen die Welt. Jesus brachte uns mit menschlichen Händen das Unendliche nahe. Er wollte und will uns seine unendliche Liebe weiterschenken – auch an seine Gegner und seine Feinde. Seine Hände sind ausgestreckte Hände, die nicht nur alles gegeben haben, sondern alles weiterhin geben.

Was bedeutet für dich die Hand Jesu, die sich dir geöffnet und durchbohrt zeigt? Wie empfindest du, wenn dir diese Hand entgegenkommt? Nimmst du sie als Einladung, oder entziehst du dich ihr? Was verstellt dir eventuell den Zugang zu dieser Hand? Kannst du von dir sagen, eine Mitte zu haben? Siehst du dich als Aufschauender, als Liebender, als jemand, der Nähe schenken kann?

Die fünfte Gebetsweise

WENN DER HEILIGE Vater Dominikus im Konvent war, stellte er sich aufrecht vor den Altar. Er stand fest auf seinen Füßen und nahm – ohne sich abzustützen oder sich anzulehnen – eine gerade Haltung ein. Dann hielt er seine Hände vor der Brust ausgebreitet wie ein geöffnetes Buch.

In dieser Haltung verweilte er andächtig und tief versunken, so als würde er tatsächlich in der Anwesenheit Gottes lesen. Es schien, als würde er in seinem Gebet die Worte Gottes betrachten, ja, sie mit viel Feingefühl und innerer Freude immer wiederholen. Regelmäßig betete er so, weil es die Weise unseres Herrn war, wie man bei Lukas lesen kann: „So kam er (Jesus) nach Nazaret, wo er aufgewachsen war, und ging, wie gewohnt, am Sabbat in die Synagoge. Als er aufstand, um aus der Schrift vorzulesen, reichte man ihm das Buch des Propheten Jesaja."[1] Und im Psalm heißt es: „Da stand Pinchas auf und betete, und Einhalt ward geboten dem Unheil."[2]

Zuweilen legte Dominikus auch die Hände ineinander und hob sie so zusammengefaltet vor seine Augen – ganz in sich selbst versunken. Nicht selten hielt er seine Hände in Schulterhöhe wie es der Priester bei der Feier der Messe zu tun pflegt. Und er schien dabei aufmerksam auf etwas zu hören, was er vom Altar her vernahm. Hätte man die Demut des Mannes gesehen, der da aufrecht stand und betete, so könnte man meinen, einen Propheten zu sehen, der mit einem Engel oder mit Gott im Gespräch war, der zuhörte und dann im Schweigen darüber nachdachte, was ihm geoffenbart worden war.

Auf Reisen entfernte er sich oft heimlich, um Zeit zum Beten zu finden. Im Stehen richtete er sich dann mit allen Sinnen unmittelbar auf den Himmel aus. Hätte man ihn reden hören: Seine sanfte Stimme hätte in tiefer Bewegtheit einige der wunderbarsten Worte aus der Heiligen Schrift preisgegeben – so,

© Biblioteca Apostolica Vaticana (Vatikan), Cod. Ross. 3 fol. 9 r.

als würden sie ihm geradezu aus der „Quelle des Erlösers" geschenkt. („Ihr werdet Wasser schöpfen voll Freude aus den Quellen des Heils."[3])

Die Brüder waren tief berührt, wenn sie ihren Vater und Meister in solchen Momenten des Betens erleben durften. Und für die wirklich Demütigen unter ihnen war es der beste Weg zu lernen, was ehrfürchtiges und immerwährendes Beten bedeutet: „Wie die Augen der Knechte auf die Hand ihres Herrn, wie die Augen der Magd auf die Hand ihrer Herrin, so schauen unsere Augen auf den Herrn, unseren Gott, bis er uns gnädig ist."[4]

---

[1] Lukas 4, 16–17 a [2] Psalm 106, 30 (Psalm 105, 30 Vulgata)
[3] Jesaja 12, 3 [4] Psalm 123, 2

Bild-Betrachtung

DER MALER GIBT auf diesem Bild eine kunstvoll und geistreich erdachte Antwort auf die schnelle Abfolge von drei verschiedenen Gebetshaltungen. Er illustriert die Gebetssequenz durch die Verdreifachung der Gestalt des heiligen Dominikus. Dreimal ist der Heilige aufrecht stehend dargestellt, doch die Position seiner Hände und der Neigungswinkel seines Kopfes ändern sich bei jeder Gebetshaltung.

In der (vom Altar aus gesehen) ersten Position öffnet Dominikus die Hände, um abzugeben und gleichzeitig zu empfangen. Es ist ein Sich-Abgeben an den Herrn, vor dem Dominikus unmittelbar steht – mit leicht gesenktem Blick und geöffneten empfangsbereiten Händen. Aus dieser Gebetshaltung wird eine große Nähe zu Christus spürbar. Das Gesicht des Dominikus drückt Sammlung und Verinnerlichung aus. Seine Arme sind vorgestreckt; in einer leisen Bewegung weisen sie nach oben. Es scheint, als wolle er eine Gabe behutsam mit seinen Händen umschließen, um sie Christus darzubringen. Ist es sein Herz, das er zum Opferaltar trägt? „Dann hielt er seine Hände", sagt der alte Text, „vor der Brust ausgebreitet wie ein geöffnetes Buch. In dieser Haltung verweilte er andächtig und tief versunken, so als würde er tatsächlich in der Anwesenheit Gottes lesen."

In der mittleren Position zeigt sich Dominikus mit geschlossenen Augen und ineinander gefalteten Händen. Er „hob sie so zusammengefaltet vor seine Augen – ganz in sich selbst versunken", heißt es im Text. Die geschlossenen Augen und Hände machen deutlich, dass Dominikus hier kein Empfangender mehr ist, sondern das von Gott Empfangene verinnerlicht. Nichts Äußeres kann ihn davon abhalten, das Wort Gottes in seinem Herzen zu erwägen.

„Du aber geh in deine Kammer, wenn du betest, und schließ die Tür zu; dann bete zu deinem Vater, der im Verborgenen ist" (Matthäus 6, 6 a).

„Wenn Einer sich in sich selbst sammelt, in seinem Innern mit Gott allein ist, dann schließt die eine Hand sich fest in die andere, Finger verschränkt sich mit Finger, als solle der innere Strom, der ausfluten möchte, von einer Hand in die andere geleitet werden und ins Innere zurückströmen, damit alles drinnen bleibe, bei Ihm. Ein Sammeln seiner Selbst ist das, ein Hüten des verborgenen Schatzes" (Romano Guardini, 15).

Der Maler versteht es, durch architektonische Elemente die Innerlichkeit dieses Betens auszudrücken. Eine Folge von Arkaden sowohl am oberen als auch am unteren Bildrand lassen die drei Figuren in einem je eigenen Raum erscheinen. Dieser Eindruck wird dadurch verstärkt, dass der gesamte Raum auf diesem Bild weder eine Tür noch ein Fenster besitzt. Der Raum ist in sich geschlossen – für den Betrachter jedoch nach vorn geöffnet.

Der Text zur (vom Altar aus gesehen) dritten Gebetsposition auf diesem Bild lautet: „Nicht selten hielt er seine Hände in Schulterhöhe, wie es der Priester bei der Messe zu tun pflegt. Und er schien dabei aufmerksam auf etwas zu hören, was er vom Altar her vernahm." Dominikus richtet sich auf und trägt seinen Kopf hoch erhoben. Es mutet so an, als nähme Dominikus selbst die Gestalt eines Ambo an – fest mit ausgebreiteten Füßen auf der Erde stehend. Sein erhobenes Haupt und die geöffneten Hände werden zum Zeichen der geschehenen Annahme des Wortes Gottes.

Im Gegensatz zu den ersten drei Bildern, auf denen Dominikus eine gebeugte Haltung einnimmt, ist er auf den Bildern vier bis neun nur in aufrechter Haltung – auch einmal im Sitzen – dargestellt. Auf dieser Miniatur der fünften Gebetsweise bilden die geradlinigen Figuren einen Dreiklang – obwohl sie sich individuell sehr voneinander unterscheiden. In barmherziger Güte neigt Christus sein Haupt Dominikus zu. Gott hat sich in seinem Sohn erniedrigt und ist Mensch geworden. Dass er ihn gleichzeitig aber über alle erhöht hat, wird auf dem Bild durch die Höhe des Kreuzes sichtbar.

Der Text weist auf die Feier der Messe hin. Durch die Nähe des Dominikus zum Altar und durch seine Haltung und

Handgesten scheint es, als zelebriere er die Heilige Messe. Vielleicht ist es der Augenblick, in dem der Priester die Hände ausbreitet und das Hochgebet singt oder spricht ... Wenn Dominikus die Hände zum Gebet öffnet, tut er es nicht allein für sich selbst. Die ausgebreiteten Hände sagen: Das Gebet umfasst alle Menschen.

Der Altar, der Tisch des Herrn, vor dem er steht, ist hier mit einem blauen Tuch bedeckt: Blau, die Farbe des Kosmos, des Himmels und des Geistes. Die vordere Altarwand trägt die Buchstaben IHS, das so genannte Christus-Monogramm. Dieses Zeichen für Christus ist aus den griechischen Anfangsbuchstaben seines Namens „Jesus" zusammengesetzt. Die drei Buchstaben werden umrahmt von zweimal drei und einmal zwölf Steinen. „Elija nahm zwölf Steine, nach der Zahl der Stämme der Söhne Jakobs. Er fügte die Steine zu einem Altar für den Namen des Herrn" (1 Könige 18, 31a. 32a).

Der ganze Raum ist durch die rote Farbe der Rückwand in ein hell leuchtendes Licht getaucht. Das gleichfarbige goldbeschriebene Band stellt die innige Verbindung dar von der Herzmitte Jesu zu Dominikus, der sich in drei Gebetsschritten dem Altar genähert hat. Die Farbe der Morgenröte lässt ahnen, dass etwas sehr Lichtvolles im Aufgehen ist. „Herr, am Morgen hörst du mein Rufen, am Morgen rüst ich das Opfer zu, halte Ausschau nach dir" (Psalm 5, 4).

¶ Heilige Schrift

Ich weiß, mein Gott, dass du die Herzen prüfst und an Aufrichtigkeit Gefallen hast. Mit aufrichtigem Herzen habe ich dies alles gegeben. ¶
1 Chronik 29, 17a

Ich will dich rühmen mein Leben lang, in deinem Namen die Hände erheben. ¶
Psalm 63, 5

Doch hilft er dem, der die Augen senkt. ¶
    Ijob 22, 29 b

Wer die Augen schließt, um nichts Böses zu sehen, dem reicht man sein Brot, und seine Wasserquelle versiegt nicht. ¶
    Jesaja 33, 15 b.16 b

Öffne mir die Augen für das Wunderbare an deiner Weisung! ¶
    Psalm 119, 18

Wie ein Rauchopfer steige mein Gebet vor dir auf; als Abendopfer gelte vor dir, wenn ich meine Hände erhebe. ¶
    Psalm 141, 2

Wenn du selbst dein Herz in Ordnung bringst und deine Hände zu ihm ausbreitest – dann kannst du makellos deine Augen erheben, fest stehst du da und brauchst dich nicht zu fürchten. ¶
    Ijob 11, 13.15

Ihr aber seid selig, denn eure Augen sehen und eure Ohren hören. ¶
    Matthäus 13, 16

Erhebt eure Hände zum Heiligtum und preiset den Herrn! ¶
    Psalm 134, 2

Es gibt nichts Geheimes, das nicht an den Tag kommt. Wenn einer Ohren hat zum Hören, so höre er! ¶
    Markus 4, 22 b–23

Lasst nicht nach im Beten; seid dabei wachsam und dankbar. Betet auch für uns, damit Gott uns eine Tür öffnet für das Wort. ¶
    Kolosserbrief 4, 2–3 a

Ich stehe vor der Tür und klopfe an. Wer meine Stimme hört und die Tür öffnet, bei dem werde ich eintreten, und wir werden Mahl halten, ich mit ihm und er mit mir. ¶
    Offenbarung 3, 20

Übung 1 „Einer trage des anderen Last"

WÄHLE DIR EINEN relativ schweren, jedoch für dich tragbaren Gegenstand: zum Beispiel zwei große Bücher oder einen Stein.
- Nimm den Gegenstand in deine Hände und halte ihn so, als ob du sein Gewicht prüfen wolltest. Die Ober- und Unterarme bilden einen rechten Winkel.
- Bleibe zwei bis drei Minuten in dieser Haltung und lege den Gegenstand ab. Nimm ihn nach einer kurzen Erholzeit erneut auf und halte ihn mit gestreckten Armen weiter von dir ab.
- Stelle dir ein Gegenüber vor, dem du den Gegenstand als Geschenk überreichst.
- Bleibe zwei bis drei Minuten in dieser Haltung und lege dann den Gegenstand vorsichtig zur Seite.
- Fühle deine Arme und spüre nach, welche Körperbereiche zusätzlich an dieser Übung beteiligt waren.

Wichtig ist, dass du bei dieser Übung aus der Bewegungsform eine Ausdrucksgeste des Annehmens und Abgebens machst. Durch das Heben und Tragen bringst du etwas ans Licht, was du weiterreichst. Durch die Vorstellung, es stünde dir jemand gegenüber, bist du gegenwärtiger.

Wenn du Empfangenes nicht weiterschenkst, wirst du körperlich und seelisch krank. Abgeben und Annehmen gehören zusammen. Einseitigkeit führt zur Verausgabung oder zur Belastung. Im ausgewogenen Annehmen und Abgeben wächst du über dich selbst hinaus.

Übung 2 „Komme zu dir"

Diese Übung kannst du im Stehen oder Sitzen ausführen.

- Führe die Hände in Brusthöhe zusammen und verschränke die Finger der linken mit denen der rechten Hand (Gebetshaltung).
- Gehe ganz mit deiner Aufmerksamkeit in die Hände. Spüre die Wärme und lass sie frei von einer Hand zur anderen fließen.
- Sei in dieser Übung gegenwärtig und spüre die Verbindung beider Hände, die du vielleicht als Einheit erlebst.
- Bleibe einige Minuten in diesem geschlossenen Kreis. Dann öffne deine Hände.
- Reibe die beiden Muskeln unterhalb deiner Daumen heftig gegeneinander. Mache so lange weiter bis Hitze entsteht und fast Schmerz eintritt.
- Lege nun schnell den erhitzten Muskel der linken Hand auf das geschlossene linke Auge und den Daumenmuskel der rechten Hand auf das rechte Auge. Die Daumen zeigen dabei nach links und rechts außen.
- Du spürst, dass deine Augen die Wärme in Blitzesschnelle aufsaugen und dass die Daumenmuskeln die gleiche Form wie deine Augenhöhlen haben.
- Wiederhole diese Übung drei- bis viermal.

In dieser Kontaktübung erlebst du Berührung, die dich zu dir selbst führt. Spannungen werden gelöst und unterbrochene Energieströme wieder freigesetzt. Diese Übung im „geschlossenen Kreis" hilft dir, zur Ruhe und inneren Sammlung zu kommen.

Selbst erzeugte Schwingungen, die wir uns wieder zuführen, haben eine besondere heilende Wirkung. Die Augenmuskulatur kann sich bei dieser Übung durch die wohlige Eigenwärme entspannen. Du erhältst Kraft für ein besseres und klareres Sehen.

Übung 3 „Entlaste dich"

Stehe fest auf der Erde, werde im Beckenraum weit und gehe in die Aufrechte.
- Gib in den Knien nach und stelle die Füße etwas weiter auseinander, um noch festeren Stand zu bekommen.
- Richte deinen Kopf gerade aus und atme bis zum Beckenboden.
- Spüre über deine Wirbelsäule bis zum Kopf die Aufrechte. Stelle dir dieses Aufsteigen als Fließen des Lebensstromes vor.
- Lass dich in den Schultern los und gib alle Anspannung im Ausatmen ab.
- Führe deine Aufmerksamkeit und die fließende Energie in Arme und Hände.
- Hebe deine Hände in Brusthöhe. Die Handinnenflächen zeigen nach außen, die Ellenbogen sind dabei angewinkelt.
- Gib die vom Beckenraum über die Wirbelsäule aufsteigende Energie durch deine geöffneten Hände an den Raum ab.
- Unterstütze dieses Strömen durch deinen Atem: Atme aus. Gehe während des Einatmens die Wirbelsäule hinauf bis in die Hände und gib die Luft im Ausatmen durch deine Handinnenflächen ab.
- Wiederhole diese Übung in dem dir gemäßen Atemrhythmus acht- bis zehnmal.

Nichts wirft dich so leicht um. Du bist zu Hause bei dir selbst. „Auf eigenen Füßen stehen" ist ein wesentlicher Entwicklungsschritt zum Selbstbewusstsein. Der Rat, dich in den Schultern loszulassen, besagt mehr als „lass in den Schultern los". Die Atmung entlastet die im Beckenraum ruhende Lebenskraft und macht dich ruhiger und friedvoller.

Vielleicht wirst du im längeren meditativen Stehen während der bewussten Atemführung die Erfahrung machen, dass eine geistige Kraft, die uns aufrecht hält, durch deinen Körper fließt und jede Zelle belebt.

Meditation „Hingabe"

HINGABE HAT MIT dem Erstlingsopfer zu tun. „Den Erstgeborenen unter deinen Söhnen sollst du mir geben" (Exodus 22, 28 b).

Mit dem „Erstgeborenen" gibt der Mensch sich selbst und seine „Zukunft" Gott hin. Der erste Sohn, das ist die Zukunft. Abraham, der auf die äußerste Probe gestellt wurde, ist durch Hingabe ganz Ebenbild Gottes geworden. Er erkannte, dass alle Liebe, die man empfängt, weiterzugeben ist.

Das Wort „Hingabe" dürften wir eigentlich nur sehr leise sagen. In der „Nachfolge Christi" von Thomas von Kempen steht das Wort: „Gib das Ganze für das Ganze." Halte ich den Anspruch und den Zuspruch dieses Wortes für ins Leben umsetzbar und für wahr? Der Zuspruch ist, dass Gott das Ganze gibt – sich selbst am Kreuz. Gott will Hingabe – keine Abgabe von etwas, was weniger ist als wir selbst. Vielleicht fragst du dich beim Betrachten dieser fünften Gebetsweise: „Gehe ich – wie Dominikus – von der Mitte meines Wesens auf Gott zu? Oder ist es nur etwas vom Rande meines Lebens, was sich Ihm zuwendet?"

Dem reichen Jüngling, der versuchte, alle 613 Ge- und Verbote zu halten, sagte Jesus in aller Einfachheit: „Lass los, und dann komm!"

Immer wieder laufen wir Gefahr, etwas von dem „Ganzen" auszunehmen und uns somit Gott nicht ganz anzuvertrauen. Und wenn wir in kleinen Schritten der Hingabe näher gekommen sind, können wir nicht sagen, dass wir uns hingegeben haben, sondern dass wir uns hingeben – es beginnt jeden Tag von neuem. Gott hat Großes mit uns vor. Und es würde Wirklichkeit, könnten wir uns Ihm vertrauender hingeben. Vielleicht fällt es uns leichter, wenn wir noch einmal die Liebeserklärung Gottes hören, die uns auf fast jeder Seite der Heiligen Schrift entgegenkommt. Dann würden wir auch die Liebeserklärung wahrnehmen, die vom Gekreuzigten ausgeht:

„So sehr hat Gott die Welt geliebt …" und die Welt, das sind wir, du und ich.

Wenn wir noch einmal auf Dominikus schauen, auf sein Hingehen und Hingeben, so sehen und erkennen wir, dass es nicht immer ein leichter Weg ist. Er musste alle innere Kraft zusammennehmen, um auf seinen Glaubensweg zu kommen und auf ihm zu bleiben. Durch Hingabe lernte er schrittweise das noch nicht zu Sehende als das eigentlich Wirkliche und Grundgebende zu erfahren. In dieser Geste des Hingebens, in diesem schweigenden Tun, das mehr ist als alles Reden, geschieht Wesentliches und Rettendes.

Ich möchte zusammen mit Christus,
dem Auferstandenen,
das Kreuz des Todes überwinden,
die Sünde, die Vernichtung, die Demütigung.
Ich spüre das Kreuz als Hoffnung auf eine Zukunft,
die allen Zwiespalt löst,
als Zeichen des Friedens, der Fülle, des Lichtes und der Vollendung.
Herr, lass das Kreuz für mich nicht mehr Bild des Leidens sein,
sondern ein Zeichen der Überwindung des Leidens,
Zeichen der Auferstehung und Erhöhung.
„Und ich werde, wenn ich von der Erde erhöht bin,
alle an mich ziehen" (Johannes 12, 32).

Herr, auf dem Weg zu dir
und auf dem Weg zu den Gründen meines Daseins
komme ich nicht am Kreuz vorbei.
Es hilft mir, aus der Vielfalt der Welt
und der Zerstreutheit meines Herzens
zu dir, zum Quell des Lebens zu finden.
Du bist in deiner sich verschenkenden Liebe
bis zum Äußersten gegangen – bis in den Tod am Kreuz.
Und bis zum Äußersten kommst du mir entgegen.
Dein Mund spricht: „Ich habe dich nicht aus der Ferne geliebt …"
Bin ich nicht selbst, wenn ich die Arme ausbreite,
zu einem lebendigen Kreuz geworden?

*Lass mich, Herr, durch das Kreuz
wieder zum heil gewordenen Menschen werden,
und sei du in meiner Mitte.
Komm, Herr Jesus, und lebe in mir,
in der Fülle deiner Kraft,
in der Lauterkeit deiner Wege,
in der Heiligkeit deines Geistes
und bezwinge alle böse Macht durch deinen Geist
zur Ehre des Vaters. Amen.*

Die sechste Gebetsweise

SEHR OFT KONNTE man den heiligen Vater Dominikus beobachten, wie er beim Beten die Arme und Hände in der Form des Kreuzes weit ausstreckte und sich bemühte, möglichst aufrecht zu stehen. Auf diese Weise betete er auch, als Gott in der Sakristei der Kirche des heiligen Sixtus in Rom auf seine Fürbitte einen Jungen namens Napoleon wieder erweckte. Und so stand er auch in der Kirche bei der Feier der Heiligen Messe, als er vom Boden emporgehoben wurde (wie es die fromme und heiligmäßige Schwester Cäcilia berichtete, die selbst anwesend war und es mit vielen anderen gesehen hat).[1] So streckte auch Elija seine Arme aus, als er den Sohn der Witwe wieder zum Leben erweckte, und beugte sich über den Knaben.[2]

In der gleichen Weise betete er, als er in der Nähe von Toulouse englische Pilger vor dem Ertrinken im Fluss rettete.[3] Ebenso betete auch der Herr, als er mit ausgestreckten Armen und Händen am Kreuz hing – „mit lautem Schreien und unter Tränen. Und er ist erhört und aus seiner Angst befreit worden"[4] wegen seiner großen Ehrerbietung.

Aber diese Art des Gebetes pflegte der heilige Mann Dominikus nur dann, wenn er aus einer Eingebung Gottes erahnte, dass sich durch die Kraft seines Gebetes etwas Großes und Wunderbares ereignen würde. Seine Brüder hielt er nicht davon ab, so zu beten, riet ihnen aber auch nicht dazu.

Als er den besagten Knaben wieder ins Leben zurückrief, betete er stehend mit in Kreuzform ausgebreiteten Armen und Händen. Was er aber dabei gesprochen hat, das wissen wir nicht. Vielleicht sprach er die Worte des Elija: „Herr, mein Gott, lass die Seele dieses Knaben in sein Inneres zurückkehren."[5]

Alle schätzten seine Gebetsweise sehr. Doch weder Brüder und Schwestern noch die Herren Kardinäle und die anderen, die seine ungewöhnliche und bewundernswerte Art zu beten beobachteten, konnten sich an die Worte erinnern, die er dabei sprach. Nachträglich hielten sie es nicht für angebracht, den heiligmäßigen und bewunderungswürdigen Dominikus zu fragen, denn alle zeigten ihm gegenüber große Ehrfurcht und Hochachtung.

Mit großem Gewicht und Ernst, mit Reife und Aufmerksamkeit betete er die Psalmenworte, die diese Gebetsweise zum Inhalt haben: „Herr, du Gott meines Heils, bei Tag und bei Nacht habe ich zu dir gerufen", und weiter „Jeden Tag, Herr, rufe ich zu dir; ich strecke nach dir meine Hände aus."[6] Er betete ebenso: „Herr, höre mein Gebet, vernimm mein Flehen", und weiter: „Ich breite die Hände aus zu dir", und: „Herr, erhöre mich bald."[7]

Damit kann jeder demütig gesinnte Mensch das Beten und die Lehre unseres Vaters in dieser Form verstehen und nachvollziehen, wenn er sich durch die Kraft des Gebetes auf wunderbare Weise zu Gott hingezogen fühlt. Oder besser noch: Wenn er durch eine geheime Inspiration spürt, dass von Gott eine einzigartig große Gnade ausströmt – entweder für sich selbst oder für jemand anderen. Während Dominikus so betete, leuchtete in ihm die Liebe Davids, das Feuer des Elija, die Liebe Christi und seine eigene Hingabe an Gott. Dies wird in der Abbildung sichtbar.

[1] Sr. Cäcilia, Wundergeschichten [2] Vgl. 2 Könige 4,34 (Elischa!)
[3] G. v. Frachet, Lebensbeschreibungen II,5
[4] Hebräerbrief 5,7b [5] 1 Könige 17,21b
[6] Psalm 88,2.10b [7] Psalm 143,1a.6a.7a

Bild-Betrachtung

„Wenn Dominikus so betete, dann leuchtete in ihm die Liebe Davids, das Feuer des Elija, die Liebe Christi und seine eigene Hingabe an Gott", heißt es am Ende des Textes. Dem Maler gelang es, diese Liebe und Hingabe des Dominikus überzeugend ins Bild zu bringen. In besonders erfüllenden Lebenssituationen, beim Empfangen großer Gnadengaben für andere und für sich selbst sowie bei drohender Gefahr betete Dominikus in dieser Weise: aufrecht und fest am Boden stehend, mit seitlich ausgebreiteten Armen – die Innenflächen der Hände wiesen nach oben.

Auf acht von insgesamt neun Bildern ist der Altar mit dem Gekreuzigten an immer gleicher Stelle zu sehen. Dominikus kommt von der linken Seite auf Ihn zu und streckt, wie

© Biblioteca Apostolica Vaticana (Vatikan), Cod. Ross. 3 fol. 10 r.

Christus am Kreuz, seine Arme weit aus. Alte Schriften sagen, es sei die Imitation der Haltung Christi am Kreuz, die sich in der so genannten Oranten-Haltung widerspiegelt. Betende so darzustellen war bereits in der antiken Kunst weit verbreitet. In der altchristlichen Kunst erschienen Oranten oft auf Grabplatten mit einem Gebetswunsch für den Toten. Seit dem zweiten Jahrhundert wurden auch Personen aus dem Alten Testament, die von Gott aus schwerer Bedrängnis gerettet wurden – wie zum Beispiel Noach, Abraham, Daniel – als Oranten dargestellt. Mit diesem Wissen ist der Text zu dieser Gebetsweise noch besser zu verstehen.

Da hier ein besonders tief bewegendes seelisches Geschehen körperlich zum Ausdruck kommt, sollte man mit Deutungsversuchen sehr behutsam umgehen. Betet Dominikus den Herrn an – fast jubelnd vor Glück? Drückt er seinen Dank vor Gott aus? Bittet er inständig in einem besonderen Anliegen um Gnade? Möchte er aus innerer Freude Erde und Himmel umfangen? Bereitet er sich darauf vor, die Heilige Messe zu feiern? Sieht man in dieser Haltung des Dominikus seine Seele widergespiegelt: die Erwartung Jesu Christi?

Aufrecht steht er vor Christus – den Kopf geneigt und die Arme ausgebreitet wie Er. Freiheit geht von Dominikus aus, so als sei er von einer Last befreit worden. Sein schwarzes Mönchsgewand fällt durch die erhobenen Arme nach hinten, und man sieht und spürt, wie es licht in ihm wird, da er sich ganz und gar für Gott geöffnet hat. Vielleicht besteht eine symbolische Verbindung zwischen dem Schwarz der Nägel, welche Hände und Füße Jesu durchbohrten, und dem Schwarz des Mönchsgewandes?

Die Altartücher wechseln ihre Farbe von Bild zu Bild. Violett ist die liturgische Farbe der Advents- und Fastenzeit, symbolischer Ausdruck der Buße und Mahnung zur Umkehr. Violett bezeichnet die Wahrheit der Liebe und die Liebe zur Wahrheit.

Wenn Christus, die Wahrheit, mit seinem Vater, der Liebe, wieder vereint ist, mischen sich die Farben Blau und Rot aufs Innigste und werden zu Violett. Violett wird somit zur

Farbe des Gleichgewichts zwischen Liebe und Wahrheit, zwischen Erde und Himmel.

Wie Jesus Christus, der die gebrochene Schöpfungsordnung wieder herstellt, indem er Erde und Himmel miteinander verbindet, so steht auch Dominikus im gleichen Auftrag, die Erde mit dem Himmel wieder zu vereinen. Symbolisch kommen dieser Auftrag und diese Bewegung zum Ausdruck durch die grüne Türschwelle links (Erde) und das nach oben, zum Himmel weisende blaue Gewölbe. In aller Aufrichtigkeit steht Dominikus zwischen beiden. Die nach oben ausgerichtete Form der hellbraunen Holztür, vor allem aber die mittlere Formation der Bodenfliesen und die Mitte des Gewölbes unterstützen diese Bewegung.

Hier liegt auch das unaussprechliche Geheimnis dieses Bildes, seine geistliche Mitte. Dominikus berührt diese geistliche Mitte mit seiner linken geöffneten Hand, die auf Christus weist, und die von Ihm „erfüllt" wird. Aus diesem Raum tiefen inneren Schweigens gibt Dominikus die innere Erfüllung und Gottesliebe weiter in die Welt. Das mittlere der dreizehn geöffneten Rundfenster – sowohl von Christus als auch von Dominikus ausgehend das siebte Fenster – trägt er wie eine Weltkugel in seiner linken Hand …

¶ Heilige Schrift

Ach, mein Herr und Gott! Du hast Himmel und Erde erschaffen durch deine große Kraft und deinen hoch erhobenen Arm. ¶
    Jeremia 32,17

… mit starker Hand und erhobenem Arm, denn seine Huld währt ewig. ¶
    Psalm 136,12

Denn sie werden von deinem großen Namen, deiner starken Hand und deinem hoch erhobenen Arm hören. Sie werden kommen und in diesem Haus beten. ¶
    1 Könige 8, 42

Dann trat er (Salomo) in Gegenwart der ganzen Versammlung Israels vor den Altar des Herrn und breitete seine Hände aus. ¶
    2 Chronik 6, 12

Um die neunte Stunde rief Jesus laut: Mein Gott, mein Gott, warum hast du mich verlassen? ¶
    Matthäus 27, 46

Und Jesus rief laut: Vater, in deine Hände lege ich meinen Geist. Nach diesen Worten hauchte er den Geist aus. ¶
    Lukas 23, 46

Deshalb liebt mich der Vater, weil ich mein Leben hingebe, um es wieder zu nehmen. ¶
    Johannes 10, 17

Gott sei uns gnädig und segne uns. Er lasse über uns sein Angesicht leuchten. ¶
    Psalm 67, 2

Dann werden die Gerechten im Reich ihres Vaters wie die Sonne leuchten. ¶
    Matthäus 13, 43

So soll euer Licht vor den Menschen leuchten, damit sie eure guten Werke sehen und euren Vater im Himmel preisen. ¶
    Matthäus 5, 16

Die Verständigen werden strahlen, wie der Himmel strahlt; und die Männer, die viele zum rechten Tun geführt haben, werden immer und ewig wie die Sterne leuchten. ¶
    Daniel 12, 3

Übung 1
„Lass dich von deinem Kreuz tragen"

Du bildest ein Schrägkreuz, das Andreas-Kreuz, das wie ein X auf der Erde steht.

- Stelle beide Beine schulterbreit auseinander. Gib der Schwerkraft nach und „verankere" dich im Boden.
- Strecke deine Arme nach oben aus – die geöffneten Hände befinden sich in der Höhe deines Kopfes. Deine Handinnenflächen weisen nach oben.
- Spüre die gerade Linie, die dein rechtes Bein und dein linker Arm bilden – ebenso dein linkes Bein und dein rechter Arm.
- Nimm die Figur eines X wahr mit den beiden Diagonalen.
- Gehe mit deiner Aufmerksamkeit in die Füße und lass durch sie heilende Kräfte der Erde in deinen Körper fließen.
- Leite während eines langen Einatemzuges diese Energie deine Wirbelsäule hinauf bis in Arme und Hände.
- Atme langsam und tief (in deiner Vorstellung durch die Hände) nach oben aus.
- Gehe nun mit der Aufmerksamkeit in deine Leibmitte, in der sich die Linien kreuzen.
- Spüre in deine Mitte, verweile in diesem kraftvollen Zentrum und lass dich von ihm tragen. Vielleicht empfindest du durch die Mitte bildende Kraft eine Einheit von Körper und Geist.
- Nimm die Wirbelsäule und als Verlängerung deinen Kopf als Mittellinie wahr und strecke dich ein wenig himmelwärts.
- Lass beim Ausatmen die Arme langsam wieder sinken und führe dann die gespreizten Beine zusammen. Ruhe dich aus.

Fest auf der Erde stehend kannst du durch diese Übung bequem und leicht deine Mitte ausloten. Von ihr aus streckst du dich gleichzeitig nach unten und nach oben. Dadurch gibst du die Leibmitte frei, die dich deine geistige Mitte erahnen lässt.

Der leib-seelische Organismus kommt zu größerer Entfaltung. Durch bewusste Atemführung gibst du all das ab, was nicht zu dir gehört und einer größeren Aufrichtigkeit im Wege steht. Der Brustkorb, der nach oben gezogen wird, weitet sich; ebenso das Becken, das dem Zug nach unten folgt. Durch ein Freiwerden erfährst du erhöhtes Lebensgefühl.

Übung 2
„Verbinde die Erde mit dem Himmel"

RICHTE DICH ÄUSSERLICH und innerlich – von der Erde kommend – auf. Gehe mit deinem Blick in die Weite und behaupte dich.
- Verwurzele dich in der Erde und fühle deinen Aus- und Einatem-Rhythmus.
- Gib ein wenig in den Knien nach.
- Nimm die Hände vor deinen Leib; die Rücken der Hände berühren sich. Die Finger zeigen nach unten.
- Entfalte dich in einem langen Ausatemzug: Löse die Berührung der Handrücken und führe deine Arme weit nach oben auseinander – die Hände geöffnet, über die Höhe deines Kopfes hinaus.
- Spüre über deinem Kopf den Raum, die Luft und letztlich den Himmel.
- Erlebe zu deinen Füßen die Erde – über deinem Kopf den Himmel: Dazwischen stehst du. Nimm die Spannung zwischen Erde und Himmel wahr und lass sie durch dich hindurchfließen.
- Sei mit ausgebreiteten Armen und geöffneten Händen ganz anwesend und verinnerliche deinen Auftrag, der letztlich darin besteht, die Erde mit dem Himmel wieder zu verbinden.

- Lass bei einem der nächsten Ausatemzüge die Arme sinken und wiederhole die Übung nach einer kleinen Ruhepause drei- bis viermal.

Frage dich am Ende der Übung: Welche Erfahrungen habe ich gemacht mit der Erde unter mir und dem Himmel über mir?

Das Aufrichten und das Sich-Behaupten gehen als Weg über die Be-Weg-ung hinaus. Du empfindest deine aufrechte Haltung als Ausdruck deines Wesens. Wenn es Schranken der Isolierung gibt, werden diese durchbrochen. Die Übung stellt eine Balance her zwischen Körper und Geist, zwischen Erde und Himmel. Von der standfesten Materie richtest du dich aus in die geistige Dimension von oben. Vielleicht wird dir durch diese Übung erneut deine Aufgabe bewusst, die Erde mit dem Himmel zu verbinden.

„Jakob sah eine Leiter, die auf der Erde stand und bis zum Himmel reichte. Auf ihr stiegen Engel Gottes auf und nieder" (Genesis 28,12).

Meditation
„Verlorene Freude wiederfinden"

FÜR DEN MENSCHEN ist die Freude notwendig und lebensunterstützend. Wie der Mensch, so kann sich auch die gesamte Schöpfung freuen. Jede Freude ist höheren Ursprungs – eine wunderbare Ruhe und eine lebendige gute Unruhe zugleich. Sie möchte begeistern, sich mitteilen und sich verschenken. Freude ist schließlich die Erde und der Himmel und das Paradies und die erspürte Gegenwart Gottes. Daher ist es lebenswichtig, die Quellen der vielleicht verlorenen Freude wiederzufinden. „Herzensfreude ist Leben für den Menschen" (Jesus Sirach 30, 22).

Das menschliche Leben in dauerhafter Herzensfreude wurde jedoch in früher Zeit der Schöpfungsgeschichte durch Entzweiung jäh unterbrochen. Vorher lebte der heile Mensch in der Aufrichtigkeit und Wahrheit seines Geschöpfseins mit Dem in liebender Nähe, der ihn gebildet und ihm die Welt anvertraut hat. Gibt es nicht in einem jeden von uns ein geheimes Wissen von einer Lebensstufe, die der Hauch des Bösen nicht berührte – ein Geborgensein im Urvertrauen und im Urgrund Liebe?

Bestimmt haben wir als Kind Momente des Paradieses erlebt oder beim Geschenk einer ersten Liebe. Die innere und äußere Welt, die uns begegnete, war erfüllt vom Geliebtwerden und Lieben. Alles begann erst zu leuchten, als man es gemeinsam erlebte oder als man das Erlebte an den anderen weitergeben durfte. Man sah die Welt im Licht der Freude, wenn man für das Glück des anderen Lebensraum schaffte und damit in sich selbst einen sich weitenden Raum des Du. Vollkommenes Ruhen im Vertrauen, bei dem der eine sich auf den anderen ver-lassen kann, hat etwas mit dem Frieden des Paradieses zu tun. Hier im Garten Eden durfte der Mensch in gegenseitig liebender Zuwendung Gott begegnen. Dies bedeutet für den Menschen die Wurzel seiner Urerfahrung. „Mit Nahrung und mit Freude erfüllte er euer Herz" (Apostelgeschichte 14, 17).

Und es kam eine Zeit, in der sich der Mensch dem liebenden Entgegenkommen des Schöpfers verweigerte. In der Wahrheit und in der Erfahrung seiner Begrenztheit war der Mensch offen für seinen Schöpfer, den grenzenlos liebenden Gott. Doch die Verheißung der widergöttlichen Macht, selbst göttlich zu werden, übte auf den Menschen eine derartige Faszination aus, dass er es nicht mehr vermochte, vor dem Mysterium des göttlichen Vorbehaltes innezuhalten. Indem er das Wie-Gott-Sein verwirklicht, entfernt er sich in Wirklichkeit von Gott. Vor-Griff hat die Stelle von Erwartung eingenommen und Zu-Griff die Stelle von Beschenktwerden. Damit hat das Vorherrschen der Ich- und der Daseinswelt begonnen. Die eigene „Seligkeit" besteht leider vielfach darin, das Du des anderen besitzen zu wollen anstatt seine Seligkeit in den Blick und ins Herz zu nehmen – das Endziel der Liebe. Diese egoistische Liebe ist nicht mehr in der Urliebe beheimatet und entbehrt daher auch den Kontakt und die Berührung mit dem Schöpfer.

Diese Liebe, die nicht mehr aus Heiligem Geist ist, zieht selbst die Grenzen, in denen sie liebt und lieben will. Bei ihr weiß die Linke was die Rechte tut, und sie weiß es vorzurechnen. Das ist nicht die Liebe aus Gott, wenn ich anderen und mir selbst vorrechne, was ich getan habe, weil ich nicht auf meine Kosten gekommen bin, weil ich keinen Dank und keine Anerkennung bekomme. Und dann schlägt das, was Liebe schien, um in Gleichgültigkeit, Empörung, Erbitterung, Hass oder Resignation.

Mit der Hybris des Menschen, der Überschreitung seiner geschöpflichen Grenze, mit der Verweigerung sowohl eines Dankes als auch der Anerkennung des Schöpfers bringt die Heilige Schrift den Tod in Zusammenhang. Die Frage erhebt sich: Kann sich in der begrenzten Lebensfrist, in der sich unsere biologische Substanz verbraucht, der Keim von zeitüberdauernder Lebensfülle und Liebe erneuern? Kann der Wesenskern des Menschen, in den Gott-Verbundenheit und Gottes-Liebe grundgelegt sind, wieder zum Leuchten gebracht werden? Ja: Denn das Leben des Menschen steht weiter unter dem rettenden und erlösenden Anruf Gottes.

Ein gelungenes Beispiel, den Anruf Gottes neu zu vernehmen und danach zu handeln, zeigt Abraham. Er versteht es, die geschaffene Welt hineinzunehmen in einen großen Sinnzusammenhang von Geliebtwerden und Lieben, von Zeit und Ewigkeit. Abraham erfährt und lebt die innere Hinordnung auf ein Absolutes, auf Gott. Im Strahlenbereich dieses Du und im Leben auf dieses Du hin findet er sein Ich.

„Das wahre Licht, das jeden Menschen erleuchtet, kam in die Welt. Und das Wort ist Fleisch geworden und hat unter uns gewohnt, und wir haben seine Herrlichkeit gesehen, die Herrlichkeit des einzigen Sohnes vom Vater, voll Gnade und Wahrheit" (Johannes 1, 9.14).

Die Anziehung, die vom gekreuzigten und auferstandenen Christus ausgeht, siegt über den Sog der Macht, die seit dem Bruch in der Schöpfung auf den Menschen einwirkt, um ihn nach unten zu ziehen. Durch Christus und mit Christus und in Ihm können wir uns wieder aufrichten und die Distanz zu Gott überbrücken, der Himmel und Erde, das Sichtbare und das Unsichtbare miteinander verbunden hat. Nicht andere tragen die Verantwortung für diese Aufgabe, sondern wir selbst, indem wir wieder offen werden für den Himmel, für den Urgrund, der Liebe ist. Es ist unser Auftrag, die Erde zu bestehen und gleichzeitig durchlässig zu werden auf Gott hin, offen zu sein für seine Gabe, um sie an andere weiterzuschenken.

„Dann wird euer Herz sich freuen, und niemand nimmt euch eure Freude" (Johannes 16, 22 b).

Die siebte Gebetsweise

OFT SAH MAN Dominikus beim Gebet, wie er sich in seiner ganzen Größe zum Himmel streckte – wie ein Pfeil, der von einem gespannten Bogen geradewegs in die Höhe schnellt. Dabei hatte er seine Hände über den Kopf erhoben und die Arme ganz ausgestreckt. Die Hände berührten einander. Manchmal waren sie ein wenig geöffnet, so als wollten sie etwas vom Himmel in Empfang nehmen.

Man glaubte, dass ihm in diesen Augenblicken die Gnade noch stärker zuteil wurde, dass er entrückt war und von Gott für seinen Orden, den er gegründet hatte, die Gaben des Heiligen Geistes empfing: die innere Freude, die ihm und seinen Brüdern ein Leben nach den Seligpreisungen schenkte. So kann ein jeder in äußerster Armut, in tiefer Trauer, während einer schlimmen Verfolgung, bei großem Hunger und Durst nach Gerechtigkeit sich immer noch glücklich schätzen. Und es wird der demütig Gesinnte sich voller Freude daran halten, die Vorschriften zu beachten und den evangelischen Räten zu folgen.

In solchen Momenten schien der heilige Vater wie ins Allerheiligste und in den dritten Himmel entrückt. Hatte er so gebetet, dann handelte er wie ein wahrer Prophet, sei es, wenn er jemanden zurechtweisen musste, Anordnungen traf oder predigte.

Der heilige Vater verbrachte immer nur kurze Zeit in dieser Gebetshaltung. Dann kehrte er wieder zu sich selbst zurück und machte den Eindruck, als käme er von einer langen Reise. Er glich einem Pilger, was man leicht an seinem Aussehen und seinem Verhalten ablesen konnte.

Als er einmal allein betete, hörten seine Brüder, wie er die Worte des Propheten zitierte: „Höre mein lautes Flehen, wenn ich zu dir schreie, wenn ich die Hände zu deinem Allerheiligsten erhebe."[1]

© Biblioteca Apostolica Vaticana (Vatikan), Cod. Ross. 3 fol. 11 r.

Und er lehrte seine Brüder durch heilige Worte und sein Beispiel, beständig zu beten – wobei er die folgenden Psalmenverse oft wiederholte: „Wohlan, nun preiset den Herrn, all ihr Diener des Herrn, die ihr steht im Haus des Herrn, zu nächtlicher Stunde. Erhebt eure Hände zum Heiligtum und preist den Herrn!"[2] Und er betete auch: „Herr, ich rufe zu dir. Eile mir zu Hilfe; höre auf meine Stimme, wenn ich zu dir rufe. Als Abendopfer gelte vor dir, wenn ich meine Hände erhebe."[3] Zum besseren Verständnis ist diese Gebetsweise abgebildet.

[1] Psalm 28, 2 [2] Psalm 134, 1–2 [3] Psalm 141, 1.2 b

Bild-Betrachtung

Die siebte Gebetsweise ist eine Weiterführung und Verinnerlichung der vorhergehenden. Das kaum noch Aussagbare versucht der Maler durch die Gebetsgeste des Dominikus ins Schwingen zu bringen, der wie ein Pfeil von der Erde zum Himmel aufsteigend dargestellt ist. Die vertikale Verlängerung des Körpers symbolisiert das Empfangen einer noch größeren Gnade. Seine Seele wird „entrückt bis in den dritten Himmel". Der Text sagt weiter, Dominikus sei bei diesem Gebet für einige Augenblicke zu einem wahren Propheten geworden. Den bildhaften Ausdruck der Entrückung „in den dritten Himmel" (2. Korintherbrief 12, 2) übernimmt Paulus aus zeitgenössischen Jenseitsvorstellungen. Gemeint ist „bis zum höchsten Himmel" – dem endgültigen Heilszustand des durch Christus mit Gott für immer vereinten Menschen.

Dies ist der Moment, in dem die Seele des Dominikus den göttlichen Bereich berührt und unsagbare Erfahrungen macht. Seine Mitbrüder berichteten, dass er nur eine kurze Zeit in dieser Gebetshaltung verweilte und dann wie ein Pilger nach einer langen Reise zurückkehrte.

Der Betrachter schaut durch einen grünen Rahmen in den Innenraum der Kapelle, in dem sich dieses innerseelische Geschehen des Dominikus vollzieht. Obwohl es unaussprechlich und nicht darstellbar ist, soll zumindest versucht werden, einige Hinweise zu geben. Die Begegnung Christi mit Dominikus wird umrahmt von zwei zum Himmel ragenden Türmen, die sich nach oben verjüngen und jeweils eine sternengekrönte Kuppel tragen. Die Sterne weisen über das Sichtbare hinaus. Sie weisen in den Kosmos und werden zum Zeichen der Transzendenz und somit zur Krönung dieses Bildes.

Drei grüne Stufen führen in die Tiefe des Raumes – in der gleichen hoffnungsfrohen grünen Farbe wie die Umrahmung. Wie ein Pfeil, der auf dem Bogen erst einmal in die Gegenrichtung gezogen wird, um noch größere Kraft zu gewinnen, so führt der Gebetsweg zunächst nach unten, nach innen. Dominikus ist in die Tiefe seiner Seele hinabgetaucht und richtet sich von hier ganz auf Gott aus. Ein zart in das Bild hineinkomponierter Dreiklang spricht die Wesenheit Gottes an: drei Stufen, drei zum Himmel geöffnete Fenster, drei weiße Streifen als mittlere Wandverzierung, drei Falten des Altartuches und verschiedene Dreier-Elemente auf der Vorderseite des Altars.

Dominikus kommt, indem er die Welt bejaht und besteht, aus seiner eigenen Mitte und wird ganz und gar zu einem Aufschauen auf Gott. Alles und er selbst sind zu dieser einzigen Bewegung geworden: seine Seele, die den Herrn anruft und von Ihm emporgezogen wird, sein Geist, der im Atem des Heiligen Geistes pulsiert sowie sein Herz und sein Körper, die die Seligpreisungen erfahren haben. Mit allen Fasern seines Körpers unterstützt er diese Aufwärtsbewegung: die zum Himmel gestreckten Arme und Hände, sein Blick und seine Kopfhaltung. Er ist im Anblick Christi und im Ausblick auf Gott, seinen und unseren Vater, ganz zur Hingabe geworden. Dominikus ist mit Christus hinabgestiegen in die tiefsten Tiefen der Schöpfung, um jetzt mit Ihm aufzuerstehen, um – für Momente – das liebende Einssein mit dem Vater erfahren zu dürfen.

Als Dominikus aus dieser mystischen Erfahrung ewiger Liebe, in die er mit Körper, Geist und Seele hineingenommen war, in die Diesseits-Welt zurückkehrte, um sie erneut zu bestehen, glaubten seine Mitbrüder, einem wahren Propheten gegenüber zu stehen. Und jetzt eröffnete er ihnen den Weg, ohne Unterlass zu beten.

Wenn auch der Weg beschrieben werden kann, so ist doch das Erlebnis der Berührung der Transzendenz nicht in Worte zu fassen. Daher wird auch der Maler versucht haben, in der Mitte dieses Bildes zwischen Christus und Dominikus einen Raum des Schweigens zu gestalten. Dieser geheiligte Raum nimmt die Form eines Dreiecks an, wenn man die Geraden von der oberen Mitte des Bildes – der Säule zwischen beiden Fenstern – zur rechten und linken unteren Ecke zieht. Das

Bild gliedert sich dann in ein zweites Dreieck rechts, in dem Christus wohnt, und in ein linkes Dreieck, das Dominikus ausfüllt.

Der erlösungsbedürftige Mensch, symbolisiert durch das schwarze Mönchsgewand, ist gerufen und dazu berufen, Licht zu werden. Christus, der den Tod überwand und durch seine Auferstehung den Weg zum Vater wieder geöffnet hat, ist das wahre Licht, das in die Welt kam, um jeden Menschen zu erleuchten. Das sonnengelb leuchtende Altartuch trägt das Kreuz, das Christus durch seine Auferstehung überwunden hat. Gelb ist die Farbe für das himmlische, göttliche Licht.

Ein alles, die äußere und die innere Welt verbindendes Element auf diesem Bild ist ein auf den rot-braunen Hintergrund gemaltes Ornament (Zinnenmäander-Band), das sogar die grünen Außenpfeiler umschließt.

¶ Heilige Schrift

Treffsicher fahren die Blitzespfeile dahin; abgeschossen aus den Wolken wie von einem wohlgerundeten Bogen fliegen sie auf ihr Ziel. ¶
    Weisheit 5, 21

Sein Bogen sitzt sicher; gelenkig sind Arme und Hände. ¶
    Genesis 49, 24 a

Er wird Segen empfangen vom Herrn und Heil von Gott, seinem Helfer. ¶
    Psalm 24, 5

Denn wer bittet, der empfängt; wer sucht, der findet; und wer anklopft, dem wird geöffnet. ¶
    Matthäus 7, 8

Der Geist, der mich emporgehoben hatte, trug mich fort. ¶
    Ezechiel 3, 14 a

Es ist der Geist der Wahrheit, den die Welt nicht empfangen kann, weil sie ihn nicht sieht und nicht kennt. Ihr aber kennt ihn, weil er bei euch bleibt und in euch sein wird. ¶
    Johannes 14, 17

Aus seiner Fülle haben wir alle empfangen, Gnade über Gnade. ¶
    Johannes 1, 16

Selig, die arm sind vor Gott. Selig die Trauernden. Selig, die keine Gewalt anwenden. Selig, die hungern und dürsten nach der Gerechtigkeit. Selig die Barmherzigen. Selig, die ein reines Herz haben. Selig, die Frieden stiften. Selig, die um der Gerechtigkeit willen verfolgt werden. ¶
    Matthäus 5, 3–10 (Auszüge)

Ich kenne jemand, einen Diener Christi, der vor vierzehn Jahren bis in den dritten Himmel entrückt wurde; ich weiß allerdings nicht, ob es mit dem Leib oder ohne Leib geschah, nur Gott weiß es. Und ich weiß, dass dieser Mensch in das Paradies entrückt wurde. ¶
    2. Korintherbrief 12, 2–3

Da entrückte er mich in der Verzückung auf einen großen, hohen Berg und zeigte mir die heilige Stadt Jerusalem, wie sie von Gott her aus dem Himmel herab kam, erfüllt von der Herrlichkeit Gottes. ¶
    Offenbarung 21, 10–11 a

Von Geschlecht zu Geschlecht tritt sie (die Weisheit) in heilige Seelen ein und schafft Freunde Gottes und Propheten. ¶
    Weisheit 7, 27 b

Betet ohne Unterlass! Löscht den Geist nicht aus! Verachtet prophetisches Reden nicht! ¶
    1. Thessalonicherbrief 5, 17.19 –20

Übung 1 „Schließe den Kreis"

ZIEHE DIE SCHUHE aus, um einen besseren Kontakt zum Boden, zur Erde, aufzunehmen.

- Stelle dich frei in den Raum und gib beim Ausatmen der Schwerkraft deines Körpers nach.
- Blicke ins Weite. Erlebe den nach oben gerichteten Zug deiner Wirbelsäule und spüre über das Scheiteldach hinaus himmelwärts.
- Versuche deinen Schwerpunkt in der Leibmitte zu finden.
- Führe beide Hände vor deiner Leibmitte zusammen. Die Handinnenflächen berühren sich; die Fingerspitzen zeigen nach oben.
- Führe deine geschlossenen Hände und die Arme in deinem Einatemrhythmus geradewegs nach oben.
- Recke und strecke dich noch ein wenig, wenn sich die Arme mit den zusammengelegten Händen über deinem Kopf befinden. Die Fingerspitzen weisen nach oben.
- Löse im Ausatmen die Berührung der Hände und führe die ausgestreckten Arme seitlich langsam nach unten. Die Handrücken zeigen dabei nach oben.
- Führe die Arme vor deinem Unterleib zusammen – die Handinnenflächen berühren sich, die Fingerspitzen sind zur Erde gerichtet.
- Drehe die geschlossenen Hände, so dass die Fingerspitzen nach oben zeigen und wiederhole im dir eigenen Ein- und Ausatem-Rhythmus die Übung. Stelle dir dabei vor, du holst den Himmel auf die Erde.

Während dieser Übung umgibst du dich mit einer Mandorla, einem mandelförmigen Schutzmantel. Diese umrahmende Aureole ist häufig auf Darstellungen der Verherrlichung Christi zu sehen. Die Übung möchte dazu beitragen, die Einheit von Leib und Seele zu unterstützen. Du erfährst Freude an deiner Innerlichkeit, an der Entfaltung deiner Bewegungsmöglichkeiten und an deiner schöpferischen Selbstverwirklichung.

Das Aufrechtsein fühlt sich kraftvoll an, wenn du sicher auf beiden Beinen stehst und deine Mitte ausgelotet hast. Das Erspüren des Himmels über dir führt zu einem Offensein für den, der uns seinen Willen kundtun möchte. Enge Grenzen deines Sicherheitssystems, in dem du dich eingerichtet hast, weiten sich.

Die Wiederholung der Übung dient dazu, den Intellekt zeitweilig auszuschalten. Das entlässt dich aus dem Bann des Ichs und gibt den Weg nach innen frei. Im Abgeben (Ausatmen) wächst du über dich hinaus.

Übung 2 „Wachse über dich hinaus"

DIESE SEHR WICHTIGE Übung kannst du im Sitzen wie auch im Stehen ausführen.

- Schließe die Augen.
- Spüre deinen Körper – von den Füßen beginnend, die fest auf der Erde stehen. Komme über das Becken und die Wirbelsäule zu deinem Kopf.
- Öffne in deiner Vorstellung dein Scheiteldach, so wie die Fontanelle bei einem Säugling geöffnet ist. Denke an einen Trichter, der immer weiter und breiter wird.
- Spüre die Luft über dir, die Decke und das Dach des Hauses.
- Steige auf und nimm die Landschaft unter dir wahr, dann die Region, in der du dich befindest, und dein Heimatland im Herzen Europas.
- Deine Sichtweise wird größer: Du siehst die einzelnen europäischen Länder.
- Geh nun über den Atlantik auf den nord- und südamerikani-

schen Kontinent, dann nach Afrika. Wende dich von hieraus Asien zu und gehe dann nach Australien.
- Du siehst das Meer zwischen den Kontinenten und erlebst die Erde als Kugel. Lass dich in die Bewegung der Erde um die Sonne hineinnehmen.
- Nimm den Mond, die Sterne und alle Planeten wahr.
- Stelle dir die Milchstraße vor, unsere Galaxie, dann den Andromeda-Nebel – und komme zum gesamten Universum.
- In dieser Öffnung auf das Unendliche kannst du darum bitten, dass Gottes Wesen in dir anwesend sein möge.
- Finde dann nach einigen Minuten Stille zurück in deine Gegenwart. Spüre deinen Körper und aktiviere ihn, indem du tiefer atmest, Hände und Füße bewegst und deine Augen öffnest.

Du nimmst dich als Teil der gesamten Schöpfung wahr. Du verlässt deine engen Begrenzungen und gewinnst eine andere, höhere Perspektive. Deine Sichtweise und dein Bewusstsein weiten sich, so dass du Engstirnigkeit und Verbohrtheit ablegen kannst. Du wirst dir und anderen gegenüber toleranter, indem du mit Wesentlichem in Verbindung trittst. Der Schöpfer, der nicht nur in dir anwesend ist, sondern auch in deinem Bewusstsein anwesend sein möchte, kann dir in dieser Offenheit seinen Willen und seine Liebe kundtun.

Meditation „Entgrenzung erfahren"

ZIEL EINES AUF Gott ausgerichteten Lebens und Zeichen für die Erfüllung des Herzens ist die beständige und ununterbrochene Verbindung mit dem Urgrund Liebe. Dominikus durfte sie erfahren, und seine siebte Gebetsweise spricht davon. Er versuchte, seine Mitbrüder den gleichen Weg zu führen, indem er sie lehrte, beständig zu beten.

Zwischen Körper und Geist besteht eine untrennbare und wechselseitige Verbindung. Deshalb bezieht Dominikus vor allem auch den Körper mit ein. Er weiß wiederum auch, dass jedes Tun nur Erfolg haben kann, wenn es im gleichen Urgrund wie das Gebet fest verankert ist. Nur auf einem tragfähigen Lebensfundament kann Leben gelingen. Die beiden hohen geistigen Türme (siehe Bild) können – unerschütterlich und im Vertrauen auf ihre Festigkeit errichtet – über ihre begrenzte Dimension hinauswachsen. So auch Dominikus. Durch größere Reinheit des Herzens wird das unerschütterliche Fundament einer Persönlichkeit gelegt, das einen immer höher werdenden Turm zu tragen vermag. „Überall erhebt reine Hände ohne Zorn und Streit" (1. Timotheusbrief 2, 8), denn Gottes liebende Gegenwart möchte durch uns transparent werden.

Die nicht durch diesseitige Verstrickungen belastete Seele wird aufgrund ihrer Wesensreinheit durch den leisesten Gebetsimpuls emporgezogen. Der Körper begleitet sie ein Stück weit auf diesem Weg. Von aller Erdenschwere befreit, öffnen sich Grenzen zu einer anderen, neuen Dimension der Wirklichkeit. Wenn Geist und Seele dauerhaft in der ihnen eigenen tiefen Ruhe gegründet sind, so dass alles Sinnen und Trachten auf Gott ausgerichtet ist, erfüllt sich das Wort des Apostels: „Betet ohne Unterlass" (1. Thessalonicherbrief 5, 17).

Der Weg, den Dominikus geht und auch lehrt, besteht im Gebet der Hingabe, durch das wir letztlich uns selbst Gott darbringen. Wer bereit ist, von Abhängigkeiten loszulassen, kann umso schneller die tiefe in Gott gegründete Ruhe erfahren.

Wer so aus der Tiefe des Herzens betet, kann auch hingebend darauf vertrauen, dass Gott alles – mag es äußerlich als Glück oder Unglück erscheinen – für die Entwicklung des Menschen tut, und dass Er um das Heil auch in dieser Zeit noch liebevoller besorgt ist als wir es für uns selbst sein können. Wir dürfen nicht aufgeben, wenn wir uns nicht gleich zu Anfang unseres Betens einer Erhörung bewusst werden. Sonst kann es geschehen, dass durch Zweifel und innere Widerstände die uns im Heilsplan Gottes zugedachte Liebeszuwendung verzögert oder sogar aufgehalten wird.

Man sollte häufig, jedoch nur kurz, das Gebet der Hingabe aufnehmen, damit das Gleichgewicht zwischen Ruhe und Aktivität immer neu hergestellt wird, denn alle Lebensprozesse können sich nur durch einen ausgewogenen Wechsel entfalten. Durch Übung nehmen alle Gedankenbewegungen mehr und mehr ab. Weltverstrickende Gedanken und Sorgen haben hier keinen Platz mehr. Sinnenhafte Vorstellungen und Wünsche binden nicht mehr an ein geistloses Unten.

Die Wüstenväter zeigen eine konkrete Gebetsmethode, durch die wir unseren unruhigen Geist von seinem vielen Umherschweifen zurückrufen können. Sie besteht in einem kurzen Gebet, das innerlich ohne jede Konzentration oder Anstrengung wiederholt wird. Bei der rechten Ausführung des Gebetes der Hingabe, das im einfachen inneren Wiederholen besteht, füge ich von mir aus bewusst keine neuen Gedanken hinzu, sondern nehme alles, wie es kommt. Dazu gehört auch der Atemrhythmus, den ich ganz sich selbst überlasse, denn es atmet in mir. Das innerliche Sprechen geschieht nicht mehr in Gedanken, sondern mit dem Herzen.

Man sollte eine Gebetsformel aus alter christlicher Tradition wählen, die sich seit den Wüstenvätern bewährt hat, und die sie auch an andere weitergegeben haben: „Herr Jesus Christus, Sohn Gottes, erbarme dich meiner", „Gott, komm mir zu Hilfe. Herr, eile mir zu helfen", „Herr Jesus Christus, erbarme dich meiner (unser)", „Herr, erbarme dich meiner", „Herr, Jesus Christus", „Christe eleison", „Maranatha", „Jesus, du", „Christos", „Abba".

Diese einfache Art zu beten ist so umfassend und wirksam, dass sie für jeden – unabhängig davon, welche äußeren und inneren Voraussetzungen gegeben sind – not-wendig, sinngebend und von richtungweisender Bedeutung sein kann. Die durch die tiefe Ruhe für Körper, Geist und Seele frei werdende Kraft strömt zunächst ganz von selbst zur Unterstützung und Heilung in den Lebensbereich, der überstrapaziert und am meisten gefährdet ist. Das Gebet der Hingabe ist regelmäßig (zweimal fünfzehn bis zwanzig Minuten am Tag) zu beten, um immer wieder zur Mitte zu finden: In Zeiten der Belastung zu unserer Be-freiung, in glücklichen Zeiten zur Bewahrung dieses Zustands, und immer, damit wir täglich neu aus dieser Kraftquelle schöpfen können. Wir rufen Gott um sein Erbarmen an. Er wird zu unserer Mitte, nicht unser Ego. Wenn wir uns vertrauend auf Ihn verlassen und Ihn zulassen, dürfen wir alles von Ihm erwarten. Das Gebet wird mehr und mehr im Fortschreiten auf Gott zu einem unaussprechlichen Schwingen, und es entgrenzt mich auf sein liebendes Entgegenkommen und seine unendliche Barmherzigkeit.

Durch Hingabe werden wir in die Nähe Gottes, des ruhevollen Bewegers, geführt, ohne dass wir selbst aktiv sind. Aus tiefer Ruhe und Schweigen kommend, können wir sinnerfüllt unsere Aufgaben angehen und sie kreativ bewegen.

Dominikus zeigt uns die notwendigen Voraussetzungen, um zu diesem allumfassenden Gebet der Hingabe zu kommen.

- Er zieht sich sowohl äußerlich als auch innerlich in die Stille zurück. Der alte Bild-Text benutzt die Analogie eines zurückgezogenen Pfeiles, der somit über ein größeres Kraftpotenzial verfügt, um sein Ziel zu erreichen.
- Wie die Bildfolge zeigt und vermuten lässt, betet Dominikus regelmäßig hinsichtlich des Ortes und der Zeit.
- Zu Beginn seines Gebetes nimmt er Kontakt mit der Erde auf (Verbeugung, sich auf die Erde legen, fest und standhaft auf der Erde stehen).
- Es folgt eine körperliche und geistige Ausrichtung auf Gott – im Hinblick auf den Gekreuzigten und Auferstandenen.

- Viele mündliche Gebete weichen einem Gebetswort oder Stoßgebet, das Dominikus verinnerlicht und oftmals wiederholt.
- Diese Gebetsweise beinhaltet die Hingabe des eigenen Willens und in der Anrufung Gottes die Bitte, dass sein Wille geschehen möge.
- Da das begrenzte Wesen und Bewusstsein des Menschen in einer Entgrenzung auf Gott hin überschritten wird, verbrachte Dominikus „immer nur kurze Zeit in dieser Gebetshaltung. Dann kehrte er wieder zu sich selbst zurück und machte den Eindruck, als käme er von einer lange Reise".

Die achte Gebetsweise

Natürlich kannte der heilige Vater Dominikus noch eine weitere vortreffliche, erhabene und wertvolle Gebetsweise, die er vor allem in der Zeit nach dem liturgischen Chorgebet oder nach der gemeinsamen Danksagung im Anschluss an die Mahlzeiten pflegte. Bedacht und gleichzeitig durchdrungen vom Geist der Demut, den der Vater aus den liturgischen Gebeten, die im Chor oder im Refektorium gesungen wurden, gewonnen hatte, zog er sich dann sofort an einen einsamen Ort zurück. Er blieb dann in seiner Zelle oder anderswo, um in sich gesammelt und in der Gegenwart Gottes zu lesen und zu beten.

Da saß er dann in aller Ruhe und schlug ein Buch auf, nachdem er zuvor ein Kreuzzeichen gemacht hatte. Und er las und ließ seinen Geist vom Gelesenen aufs Höchste bewegen, ganz so, als hörte er den Herrn reden, wie es im Psalm heißt: „Hören will ich, was Gott, der Herr, in mir spricht", und so fort.[1] Es war, als würde er mit einem Gefährten ein bewegtes Gespräch führen; einmal war er ein offensichtlich ungeduldiger, ein anderes Mal ein ruhiger Zuhörer: Er argumentierte und diskutierte, er konnte zur gleichen Zeit lachen wie auch weinen. Er richtete seinen Blick fest auf etwas Bestimmtes und schaute dann wieder zu Boden; dann redete er wiederum ganz ruhig vor sich hin und schlug an seine Brust.

Hätte ein Neugieriger ihn insgeheim beobachtet, so hätte er vom heiligen Vater Dominikus den Eindruck des Mose gewonnen, wie dieser ins Innere der Wüste gegangen und zum Horeb, dem Berg Gottes, gekommen war, wie dieser den brennenden Dornbusch erblickte, aus dem der Herr zu ihm sprach und vor dem er sich niederwarf.

Diese Erfahrung des Propheten am Gottesberg machte auch Dominikus, wenn er schnell von der Lesung zum Gebet geführt wurde, vom Gebet zur Meditation und von der Meditation zum eigentlichen Schauen.

© Biblioteca Apostolica Vaticana (Vatikan), Cod. Ross. 3 fol. 12 r.

Wenn er so alleine las, verneigte er sich oft vor dem Buch, erwies ihm seine Verehrung, indem er es küsste – besonders, wenn es ein Evangelienbuch war oder wenn er jene Worte las, die Christus selbst gesprochen hatte. Dann und wann aber wandte er sein Gesicht ab und bedeckte es mit seinem Mantel oder er vergrub sein Gesicht in seinen Händen oder verhüllte es bescheiden mit seiner Kapuze. Dann weinte er auch aus Sorge und innerster Sehnsucht. Er stand ehrfurchtsvoll wieder auf und neigte sein Haupt, als wolle er einer hohen Persönlichkeit Dank sagen für die empfangenen Wohltaten. Danach wurde er innerlich wieder ruhig, und in sich gesammelt las er weiter in dem Buch.

[1] Psalm 85,9

Bild-Betrachtung

DAS BILD DES Innenraumes hat sich wesentlich verändert. Der Altar mit dem Kreuz Christi steht zwar weiterhin auf der rechten Seite und Dominikus dem Kreuz gegenüber, jedoch durchschaut der Betrachter nun den Raum und blickt durch eine geöffnete Tür und zwei Fenster in einen wunderschönen Garten. Der vordere Teil – vielleicht der innere Klostergarten – ist durch eine Balustrade begrenzt. Hinter ihr wachsen stämmige Bäume, die in frischem Grün stehen und rote Früchte tragen. Ist damit im übertragenen Sinn das Paradies gemeint oder ist es das symbolische Bild des mystischen Gartens, in dem sich die kontemplative und tiefe Ruhe atmende Seele erholen kann? Der Raum des Schweigens und der Innerlichkeit ist hier zum Ausblick in die Schöpfung geworden. Gleichzeitig wird dem Betrachter Einblick gewährt in ein inneres Geschehen, welches sich zwischen Christus über das Buch zu Dominikus und von Dominikus über das Buch zu Christus vollzieht. Diese Bewegung wird durch das nach allen Seiten geöffnete Lesepult unterstrichen. Dominikus hält ein aufgeschlagenes Buch liebevoll in seinen Händen – er befasst sich mit dem Wort Christi, um die Beziehung zu Ihm zu verlebendigen. Geht nicht von diesem Bild eine wunderbare Entspannung und eine große Durchlässigkeit aus?

Obwohl es den Betrachter förmlich in den Garten hinauszieht, sitzt Dominikus ruhig, völlig entspannt und gelöst, mit freudig lächelndem Gesicht, Christus gegenüber. Die Zeit aufzustehen, um die Botschaft und das Heil in die Welt zu bringen, ist noch nicht gekommen. Dominikus liest und horcht, so als hörte er den Herrn reden. Eine innere, von Christus ausgehende Bewegung berührt ihn so tief, dass er vor Freude weint und gleichzeitig lacht, dass er zu Boden schaut, an seine Brust klopft, um dann wieder Christus in den Blick zu nehmen. Aus der Schriftlesung wird ein persönliches Gebet, das langsam in ein Schweigen übergeht. Und in dieses wunderbare schweigende Offensein für Gott schenkt sich ein mystisches „Schauen", über das Dominikus niemals gesprochen hat. Er verneigt sich, küsst das Buch, verhüllt sein Gesicht und setzt dann unter Tränen die innere, wortlose Zwiesprache mit Christus fort. Vielleicht ist es die letzte Stufe zu einem dauerhaften Gottesbewusstsein, das Dominikus hier geschenkt wird – eine bleibende Verbindung durch Christus im Heiligen Geist zum Vater.

Das Buch, das lange verschlossen, ja sogar versiegelt war, liegt nun aufgeschlagen vor ihm. Man sieht zwei große rote Initialen und geöffnete Spangen, die es vielleicht lange Zeit verschlossen hielten. Dominikus entschied sich für Christus. Einer Welt, die dunkel ist, kehrt er den Rücken, und wendet sich ganz dem göttlichen Wesen zu, das sich unter anderem auch in der Schöpfung, in der von Gott geschaffenen Welt widerspiegelt. Der Zugang zu einer verschatteten Welt bleibt zwar geöffnet – die Tür links hinter der Rückenlehne symbolisiert sie – Dominikus jedoch wendet sich ganz und gar dem Licht zu. Zwischen dieser dunklen Tür und Christus ist die Tür „wieder" geöffnet, die in die lichte und heile Welt führt – in den Garten Gottes. Wie das versiegelte Buch war auch er lange verschlossen, so dass der Zutritt vielen Suchenden verwehrt blieb.

Immer wieder gibt es jedoch begnadete Menschen, denen sich durch ihr ganz auf den Schöpfer ausgerichtetes Leben der mystische Garten der Seele und ihr Gärtner offenbart. Auf dem nächsten Bild befindet sich Dominikus in diesem Garten, der für ihn zur ganzen Welt und zur gesamten Schöpfung geworden ist. Hier sind es zunächst die mittlere Tür und die beiden Fenster, die Ausblick gewähren. Das erste Fenster befindet sich genau über dem Buch, das zweite muss man suchen. Die Rundbalken der Decke, von denen fünf nach rechts und fünf nach links streben, nehmen es in ihre Mitte. Und auch durch dieses Fenster im Deckengewölbe kommt dem Betrachter das grüne Leben des paradiesischen Gartens entgegen. Das Grün scheint hier die Aufgabe zu haben, durch seine Leben spendende Kraft die Erde mit dem Himmel zu verbinden. Die Spitze dieses Baumes ist rahmensprengend. Sie ragt über den Bildrahmen hinaus und geht bis zum darüber stehenden Text.

Sogar das Bodenmuster spiegelt die Thematik „Erde und Himmel" wider: Die Rauten stellen als Viereck die Welt dar, die im Wechsel gelegten Bodenfliesen mit den Sternen den Himmel. Die Ornamente auf dem oberen Querbalken des Rahmens nehmen ebenfalls dieses Thema auf: Der Kreis steht für den Himmel, das Rechteck ist Symbol für die Erde. Hier kommen beide zusammen.

Neben den individuell gestalteten Stämmen der Bäume sind auch im Innenraum viele Gegenstände aus Holz: Die Kreuzesbalken, die beiden goldbemalten Ikonen auf dem Altar, die uns bisher auf jedem Bild begleitet haben, das Lesepult mit dem dazugehörigen Gestühl und die gewölbten Balken, die die gelbe Decke tragen. Gelb und Gold symbolisieren die Gegenwart Gottes, Blau ist die Farbe des Heiligen Geistes. Christus am Kreuz wird zur lebendigen Gegenwart Gottes – belebt und unterstützt durch den Heiligen Geist.

Innerlichkeit möchte nicht länger Innerlichkeit bleiben, sie möchte sich durch Wort und Tat in die Welt hinein ausdrücken. Die beiden seitlich nach innen weisenden Versatzstücke des Rahmens verstärken den Eindruck eines geschlossenen Raumes und damit das große innere Geschehen. Auf der anderen Seite und gleichzeitig öffnet sich der Raum durch Tür und Fenster zur äußeren Welt, die durch die empfangene Gabe jetzt für Dominikus zur neuen Aufgabe geworden ist.

¶ Heilige Schrift

Dann nahm Jesus die Brote und sprach das Dankgebet. ¶
    Johannes 6,11a

Sie hielten an der Lehre der Apostel fest und an der Gemeinschaft, am Brechen des Brotes und an den Gebeten. ¶
    Apostelgeschichte 2,42

Amen, Lob und Herrlichkeit, Weisheit und Dank, Ehre und Macht und Stärke unserem Gott in alle Ewigkeit. Amen. ¶
    Offenbarung 7,12

In aller Frühe, als es noch dunkel war, stand er (Jesus) auf und ging an einen einsamen Ort, um zu beten. ¶
    Markus 1,35

Deine Augen sahen, wie ich entstand, in deinem Buch war schon alles verzeichnet; meine Tage waren schon gebildet, als noch keiner von ihnen da war. ¶
    Psalm 139,16

Als er (Jesus) aufstand, um aus der Schrift vorzulesen, reichte man ihm das Buch des Propheten Jesaja. ¶
    Lukas 4,16b–17a

Würdig bist du, das Buch zu nehmen und seine Siegel zu öffnen. ¶
    Offenbarung 5,9a

Ich will hören, was Gott redet. ¶
    Psalm 85,9a

Ihr aber seid selig, denn eure Augen sehen und eure Ohren hören. Amen, ich sage euch: Viele Propheten und Gerechte haben sich danach gesehnt zu sehen, was ihr seht, und haben es nicht gesehen, und zu hören, was ihr hört, und haben es nicht gehört.
    Matthäus 13, 16–17

Eines Tages trieb er (Mose) das Vieh über die Steppe hinaus und kam zum Gottesberg Horeb. Dort erschien ihm der Engel des Herrn in einer Flamme, die aus einem Dornbusch emporschlug. Er schaute hin: Da brannte der Dornbusch und verbrannte doch nicht ... Als der Herr sah, dass Mose näher kam, um sich das anzusehen, rief Gott ihm aus dem Dornbusch zu: Mose, Mose! Er antwortete: Hier bin ich. Der Herr sagte: Komm nicht näher heran! Leg deine Schuhe ab; denn der Ort, wo du stehst, ist heiliger Boden ... Da verhüllte Mose sein Gesicht; denn er fürchtete sich, Gott anzuschauen.
    Exodus 3, 1b–2.4–5.6b

Denn bei dir ist die Quelle des Lebens, in deinem Licht schauen wir das Licht.
    Psalm 36, 10

Übung 1 „Sammle Kraft in der Stille"

UM KRAFT AUS der Stille zu gewinnen, versuche, dich täglich mindestens einmal für wenigstens fünfzehn Minuten zurückzuziehen. Gönne dir eine Pause, indem du bewusst die Routine des Alltags unterbrichst.

- Wähle einen Ort, an dem du dich wohlfühlst und ungestört bist (zu Hause, in freier Natur, in einer Kirche).
- Meide in deiner Zurückgezogenheit Begegnungen mit Menschen sowie neue Eindrücke jeglicher Art.
- Setze dich bequem. Neige dich ein wenig vor und mache ein Kreuzzeichen.

- Richte dich vom Becken her wieder auf. Spüre die Aufrechte deiner Wirbelsäule und verlängere sie in deiner Vorstellung über deinen Kopf hinaus.
- Nimm dein Kreuz wahr, das vertikal von deiner Wirbelsäule und horizontal von deinem Schultergürtel gebildet wird.
- Spüre, wie es von selbst in dir atmet. Tu nichts.
- Lass deine Gedanken, Gefühle und Vorstellungen zu, so wie sie von selbst kommen und von selbst wieder schwinden.
- Lege alle Anspannung in den Ausatem und gib sie damit ab.
- Nimm dein Gebet oder deine Meditation auf. Achte dabei nicht mehr auf deinen Körper und seine Atmung.
- Beginne nun – wenn du möchtest – mit deiner geistlichen Lektüre.
- Beende die stille Zeit, indem du dich wie am Anfang verneigst und das Kreuzzeichen machst.

Jesus zog sich immer wieder zurück und ging an einsame Orte, um zu beten. Das Viele musste dem Einen, dem Notwendigen weichen: der Stille und dem Gebet. Umso mehr dürfen und müssen wir uns in der Begrenztheit unseres menschlichen Wesens in die Stille zurückziehen, um nicht leer oder sogar krank zu werden. Der Stress, der uns dem wahren Leben mehr und mehr entfremdet, wird durch diese Übung abgebaut. Der Übergang von der Aktivität und eventuell von den vielen Gedanken in das schweigende Dasein vor Gott wird wesentlich erleichtert. Um seelisch und körperlich gesund zu werden oder es zu bleiben, sollten wir uns regelmäßig in die uns gemäße Stille zurückziehen.

„Meine Augen sollen jetzt für das Gebet an diesem Ort offen sein, und meine Ohren darauf achten" (2 Chronik 7, 15).

Übung 2 „Bringe Verborgenes ans Licht"

NIMM DIE HEILIGE Schrift oder ein Buch, das dir zurzeit viel bedeutet – oder aber eines der in der folgenden Meditation empfohlenen Bücher.
- Setze dich bequem und schließe für einen Moment die Augen.
- Nimm dich wahr – von den Füßen beginnend über das Becken und die Aufrechte bis zum Kopf.
- Lass dich im Ausatem los – besonders da, wo du erhöhte Anspannung fühlst.
- Öffne die Augen und wende dich deinem Buch zu.
- Lies da weiter, wo du das letzte Mal aufgehört hast, oder schlage willkürlich eine Seite auf und beginne da zu lesen, wohin dein linker Daumen weist.
- Mache beizeiten eine Pause, schließe die Augen und lass das Gelesene, wie es kommt und geht, an dir vorüberziehen. Strenge dich nicht an.
- Versuche durch Hinwendung zu Jesus Christus mit Ihm Kontakt aufzunehmen.
- Vielleicht rufst du innerlich seinen Namen an oder bittest um sein Erbarmen. Wiederhole dieses so einfache Gebet ohne dich zu konzentrieren, ohne Anstrengung und ohne Erwartung.
- Wenn du das Bedürfnis hast – vielleicht nach zehn Minuten – öffne wieder die Augen und lass dir Zeit, wieder richtig in deiner Gegenwart anzukommen.

Gerade dann, wenn wir im Alltag stark gefordert sind, benötigen wir eine Zeit der Entspannung. In der Ruhe dieser Übung wird ein kurzer geistlicher Text zur Nahrung für die Seele. Er kann Bestätigung des geistlichen Weges sein oder zum Korrektiv werden. Durch das Lesen wird eine Verbindung zum göttlichen Wesen aufgebaut. Das Fundament des Glaubens wird zugänglich, so dass wir unseren Auftrag in dieser Welt und Zeit besser einsehen und verstehen können.

Meditation
„Entdecke verborgene Weisheit"

Die Wahrheit suche in den heiligen Büchern, nicht die Beredsamkeit. Daher soll man innige und einfache Bücher ebenso gern lesen wie hoch gelehrte und tiefsinnige. Unsere Wissbegier hindert uns oft beim Lesen heiliger Schriften, indem wir begreifen und ergründen wollen. Willst du aus den Schriften wirklich Nutzen ziehen, so lies demütig, ohne Ehrgeiz und voller Vertrauen. Befrage gern die Heiligen und lausche ihren Worten. Auch den Gleichnissen der Alten solltest du dich zuwenden, denn sie sind nicht ohne Grund überliefert.
Nachfolge Christi I,5

VON ZEIT ZU Zeit fragte ich meinen früheren Lehrer Johannes Bours, welches Buch er mir empfehlen könne. Ich erhielt von ihm die wertvollsten Anregungen für meinen geistlichen Weg, Nahrung für die Seele, die in Folge der Überfülle von Fachliteratur einfach zu kurz gekommen war. Eines Tages jedoch nannte er mir auf meine Frage weder ein neues Buch noch gab er mir den Titel eines wichtigen, aus der Tradition stammenden Buches, wie zum Beispiel das eines Kirchenvaters. Er erzählte mir stattdessen eine wichtige Begebenheit, die ich nicht vergessen werde.

Regelmäßig traf sich Johannes Bours mit Karl Rahner und Johann Baptist Metz, die damals beide an der Universität in Münster einen Lehrstuhl besaßen. Sie stellten sich eines Tages gegenseitig die Aufgabe, bis zu ihrem nächsten Treffen zwölf geistliche Bücher zu nennen, die für ihr eigenes Leben von Bedeutung waren, und die gleichzeitig als wichtigste spirituelle Literatur des Christentums angesehen werden können. Als sie ihre Vorschläge zusammentrugen, ergab sich bis auf wenige Ausnahmen große Übereinstimmung. Bei den geistlichen Büchern, die – abgesehen von der Heiligen Schrift – genannt wurden, handelt es sich nicht um große religiöse Weltliteratur im Allgemeinen, nicht um große theologische Literatur im strengen Sinn, sondern um Bücher, die Quellen für das geistliche Leben sind. Bei aller Eingebundenheit in die Geschichte ihrer Zeit haben sie nach wie vor für diejenigen, die Zugang zu ihnen finden, eine hohe, unmittelbare geistliche Bedeutung.

1. Ignatius von Antiochien: Briefe
2. Aurelius Augustinus: Bekenntnisse
3. Apophthegmata Patrum (Weisung der Väter)
4. Benedikt von Nursia: Ordensregel
5. Meister Eckhart: Predigten
6. Thomas von Kempen: Nachfolge Christi
7. Ignatius von Loyola: Exerzitien
8. Teresa von Avila: Die Seelenburg
9. Johannes vom Kreuz: Aufstieg zum Berge Karmel und Dunkle Nacht
10. Blaise Pascal: Über die Religion (Pensées)
11. Kleine Philokalie (Belehrungen der Mönchsväter der Ostkirche über das Gebet)
12. Therese von Lisieux: Selbstbiographische Schriften

Die Bücher sind nach der zeitlichen Reihenfolge ihrer Entstehung aufgeführt.

Wie mir Johannes Bours sagte, war man sich zunächst nicht einig, ob man Johannes Tauler oder Meister Eckhart nehmen solle, ob Therese von Lisieux nicht lieber Hildegard von Bingen (Wisse die Wege) weichen und welchen Platz „Philothea" von Franz von Sales einnehmen solle.

Auf keinen Fall sollte man die Bücher nacheinander lesen. Allein die geschichtliche Reihenfolge dürfte kaum für jeden die geeignete Folge für die geistliche Lesung sein. Keines dieser Bücher kann man durchgehend oder zügig lesen. Und zwei von ihnen wird man überhaupt nicht „lesen" können: die „Regel des heiligen Benedikt" und die „Exerzitien des heiligen Ignatius". Sie sind Lebensbegleiter und können immer und immer wieder zur Hand genommen werden. Alle genannten Bücher müssen ihre „Stunde" finden im Leben derjenigen, die sie lesen. So kann es sein, dass man sie ein erstes Mal liest wie jedes andere Buch. Und später einmal – vielleicht in besonderen Lebenssituationen – erinnert man sich an dieses Buch, und es kommt in die rechte Lebensstunde, oder es führt in der inzwischen reif gewordenen Zeit in diese „Stunde" hinein. In dieser Begegnung kann – wie in der achten Gebetsweise des Dominikus – ein tiefes Erkennen geschenkt werden.

Aber nicht alles führt in diesen Büchern zu tieferer Erkenntnis oder gar zu einer Offenbarung. Sollte es nicht auch Aussagen in ihnen geben, die zu Missverständnissen führen können? Es ist richtig und wichtig, an manchen Stellen eine eventuelle Einseitigkeit zu sehen und zugleich die Größe dieses Buches zu erkennen. Hier sei an die dritte Gebetsweise des heiligen Dominikus erinnert. Genauso wie diese Handlung nicht zur Nachahmung empfohlen werden darf, darf man auch nicht Thomas von Kempens „Nachfolge Christi" ohne weiteres jedem an die Hand geben und sie ihm als alleingültigen Ausdruck christlicher Spiritualität empfehlen.

Ich kann sagen, dass gerade diese zwölf Bücher mein Leben außerordentlich bereichert haben und es weiterhin tun. Mit einigen von ihnen lebe ich, wie man mit einem lieben Menschen zusammenlebt. Sie meinen es gut mit mir, fordern mich heraus, verlangen etwas von mir, bestätigen mich und geben mir Halt, führen mich sicher durch Krisenzeiten wie eine Brücke über einen Abgrund, geben mir auch da Geleit, wo ich nicht mehr weiter weiß, mahnen mich zu rechtem Tun, fördern meine Entwicklung zur Persönlichkeit – vor allem aber führen sie mich aus der Grauzone und Routine des Alltags über eine lichte und stärker vom Schöpfer geprägte und bewegte Dimension des Lebens zu tieferen Glaubenserfahrungen. Daher bewundere ich besonders die ehrfurchtsvolle Haltung, die Dominikus geistlichen Büchern gegenüber zeigte.

„Sicher wird es am Jüngsten Tag nicht heißen: Welche Bücher habt ihr gelesen? Sondern einzig: Was habt ihr getan?" (Nachfolge Christi I, 3).

Gelobt seist du, mein Herr

Gelobt seist du, mein Herr,
für diesen Augenblick, der die ganze Ewigkeit in sich enthält.

Gelobt seist du, mein Herr,
für die Zeit, in der wir unsere Schritte auf dich hin lenken dürfen.

Gelobt seist du, mein Herr,
für die Veränderung, durch die allein du uns zu dir bringst.

Gelobt seist du, mein Herr,
für die Stille, aus der wir deine Gnaden empfangen dürfen.

Gelobt seist du, mein Herr,
für das Lob, mit dem wir dich loben dürfen.

Gelobt seist du, mein Herr,
für das Vergangene, aus dem das Gegenwärtige geboren wird.

Gelobt seist du, mein Herr,
für das Erkennen, dass du ewig bist.

Gelobt seist du, mein Herr,
für das Fühlen, dass du die Liebe bist.

Gelobt seist du, mein Herr,
für die Sinne, die dein Wesen ergründen dürfen.

Gelobt seist du, mein Herr,
für die Wahrnehmung, durch die wir dich erkennen dürfen.

Gelobt seist du, mein Herr,
für die Liebe, die du allen Geschöpfen gewährst.

Gelobt seist du, mein Herr,
für die Sterne, die von deiner Unendlichkeit künden.

Gelobt seist du, mein Herr,
für die Täler, damit wir die Höhen wertschätzen.

Gelobt seist du, mein Herr,
für die Dunkelheit, damit wir das Licht lieben lernen.

Gelobt seist du, mein Herr,
für die Nacht, damit am Ende die Sonne aufgehen kann.

Gelobt seist du, mein Herr,
für das Meer, das den Strom unserer Sehnsucht aufnimmt.

Gelobt seist du, mein Herr,
für die Stunden der Einsamkeit,
die eine noch größere Liebe zu dir wecken.

Gelobt seist du, mein Herr,
für das Wort, durch das du dich geoffenbart hast.

Gelobt seist du, mein Herr,
für das Wort, durch das du uns zu dir führst.

Gelobt seist du, mein Herr,
für die Gnade, das Unbeschreibliche beschreiben zu dürfen.

Gelobt seist du, mein Herr,
für die Heiligen Schriften, die uns den Weg zu dir bereiten.

Gelobt seist du, mein Herr,
für die vielen geistlichen Schriftsteller,
die uns deine Liebe näher bringen.

Die neunte Gebetsweise

DIESE GEBETSWEISE PFLEGTE Dominikus, wenn er von Land zu Land wanderte, vor allem aber, wenn er in eine einsame Gegend kam. Hier meditierte er besonders tief und gab sich ganz der Kontemplation hin. Und manchmal sagte er dann zu seinem Weggefährten: Bei Hosea steht geschrieben: „Ich werde sie in die Einsamkeit führen und zu ihrem Herzen sprechen."[1] Daher entfernte er sich häufig von seinem Gefährten. Manchmal ging Dominikus ihm voraus, doch lieber folgte er ihm in einem gewissen Abstand. Und wenn er so für sich allein wanderte, betete er im Gehen, und es wurde bei seiner Meditation ein inneres Feuer entfacht.[2]

Wenn er so im Gebet versunken wanderte, machte er zuweilen Handbewegungen, als wolle er Funken und besonders Fliegen vor seinem Gesicht verscheuchen. Und zusätzlich machte er das Kreuzzeichen, um sich vor etwas zu schützen.

Nach Meinung der Brüder wurde dem Heiligen durch diese Gebetsweise voller Einblick in die Heilige Schrift gewährt sowie innerste Einsicht in das Wort Gottes. Und dadurch wurden ihm Kraft und Mut geschenkt, überzeugend zu predigen, sowie ein vertrauter Umgang mit den Tiefen des Heiligen Geistes, der ihn verborgene Geheimnisse erkennen ließ.

---

[1] Hosea 2,16b [2] vgl. Psalm 39,4

Bild-Betrachtung

Das neunte Bild – wenn man es zunächst einmal als Gesamt-Bild betrachtet – ist doppelt so groß wie die vorhergehenden. Dominikus betet nicht mehr in einem geschlossenen Raum, sondern unter freiem Himmel. Gibt es eine Gemeinsamkeit zwischen dem Beten des Dominikus und dem Gebet Jesu? Obwohl er als Zwölfjähriger noch vom Tempel in Jerusalem sagt: „Wusstet ihr nicht, dass ich in dem sein muss, was meinem Vater gehört?" (Lukas 2, 49), betet Jesus später fast ausschließlich und mit Vorliebe unter freiem Himmel. Der vollendete Kosmos mit dem himmlischen Jerusalem, dem Bild des erlösten Menschen, wird von einem großen, hohen Berg geschaut. „Einen Tempel sah ich nicht in der Stadt. Denn der Herr, ihr Gott, der Herrscher über die ganze Schöpfung, ist ihr Tempel, er und das Lamm" (Offenbarung 21, 22). Jesus sieht diesen Endzustand vorher und erlebt ihn. Er braucht daher keine begrenzten sakralen Räume mehr für sein Gebet. Für ihn ist die allumfassende Gegenwart Gottes offenbar und somit der gesamte Kosmos zum sakralen Raum geworden. Macht Dominikus auf seinem Weg in die Nachfolge Christi ähnliche Erfahrungen? Das Bild und der dazugehörige Text geben hierüber Auskunft.

Schaut man sich die Abbildung genauer an, so sieht man drei aufeinander folgende Szenen. Das obere Bild ist durch den Baum in der Mitte in zwei Bilder geteilt. Es scheint früh am Morgen zu sein: Die karge felsige Umgebung ist noch in ein dunkles, fast nebliges Graublau getaucht. Dominikus trägt neben seinem schwarzweißen Habit aus Licht und Schatten eine Kopfbedeckung. Nach der Regel des heiligen Augustinus, die Dominikus für seinen Orden übernommen hat, darf ein Mönch niemals allein das Kloster verlassen – er muss von einem Mitbruder begleitet werden. Auf dem ersten Bild wendet sich der Weggefährte hörend um. Mit erhobenem Zeigefinger bittet Dominikus ihn, vorauszugehen. Als Zeichen des schweigen-

© Biblioteca Apostolica Vaticana (Vatikan), Cod. Ross. 3 fol. 13 r.

den Einverständnisses hält der Gefährte die Handfläche seiner rechten Hand vor die Brust. Dominikus möchte in der Einsamkeit beten.

Der Tag schreitet fort. In der zweiten Szene ist die felsige Landschaft in ein lichtes Gelb getaucht. Der Gefährte, der sein Obergewand abgelegt hat, schreitet voran. Dominikus folgt ihm betend – im gewünschten Abstand. Seinen Wanderstab hat er mit der rechten Hand fest umschlossen, sein Blick und die geöffnete linke Hand sind zum Himmel erhoben. Die Hand scheint auf eine kleine Einsiedelei zu weisen, die oben rechts im Bild zu sehen ist. Ihr gemeinsamer Weg – nimmt man das dritte untere Bild hinzu – ist ein Aufstieg zu einer Quelle, bei der sie Rast machen.

„Wenn Dominikus so im Gebet versunken war, machte er Handbewegungen, als wolle er Funken und besonders Fliegen vor seinem Gesicht verscheuchen. Und zusätzlich machte er das Kreuzzeichen, um sich vor etwas zu schützen" – sagt der Kommentar zu diesem zweiten Bild. Da Dominikus niemals über seine Erfahrungen während des Betens sprach, kann man nur vermuten, dass er durch diese Gesten dämonische Kräfte abwehrt. Zum anderen können sie aber auch eine Freude und eine körperliche Aufwärtsbewegung ausdrücken – in Augenblicken der Bewusstwerdung der Nähe Gottes.

Auf dem dritten, unteren Bild ist die aufsteigende Bewegung zur Ruhe gekommen. Dominikus wendet sich nach links und schaut seinen Gefährten an. Ist ihm der (himmlische) Gefährte zum Wegweiser geworden, der ihn jetzt – an der Quelle angekommen – einweist in eine noch tiefere Einsicht in das Wort Gottes? Mit dem römischen Segensgruß der rechten Hand nimmt Dominikus etwas sehr Wertvolles von seinem Weggefährten entgegen. Indem dieser mit dem rechten Zeigefinger auf diese Gabe hinweist, wird noch einmal deren Wichtigkeit unterstrichen. Der Gefährte hat seinen Stab abgelegt und sitzt auf seinem ausgebreiteten Mantel an einer Quelle. Die Vegetation steht in frischem Grün und bringt Früchte. Es mutet fast an, als befände man sich in einem Paradiesgarten. Wird Dominikus als Frucht seines Betens das Wasser des Lebens gereicht? Der Gefährte ist Mittler zwischen ihm und der Quelle.

Eine andere Deutung, die noch stärkeren Symbolcharakter hat, gibt der Text zu diesem Bild: „Dem Heiligen wurde voller Einblick in die Heilige Schrift gewährt." So könnte es durchaus sein, dass Dominikus von seinem Gefährten ein Buch gereicht wird, welches in einem Beutel mit Schulterriemen steckt. Die Dominikaner führten auf ihren Predigt-Reisen gern ein solches „Beutelbuch" mit sich.

Sowohl das Wasser als auch das Buch deuten an, dass es sich hier um geistige Nahrung handelt, die Dominikus in einer ganz besonderen Weise empfängt, um sie im gesprochenen Wort an andere weiterzugeben.

Die Bildfolge der neun Gebetsweisen führt aus der Geschlossenheit des inneren Raumes über Fenster, die zum Himmel geöffnet sind, über eine geöffnete Tür, die in den Klostergarten führt, hinaus in die freie Natur und damit in die Welt.

¶ Heilige Schrift

Da stand er (Elija) auf, aß und trank und wanderte, durch diese Speise gestärkt, vierzig Tage und vierzig Nächte bis zum Gottesberg Horeb. ¶
    1 Könige 19, 8

Wohl den Menschen, die Kraft finden in dir,
wenn sie sich zur Wallfahrt rüsten.
Ziehen sie durch das trostlose Tal,
wird es für sie zum Quellgrund,
und Frühregen hüllt es in Segen.
Sie schreiten dahin mit wachsender Kraft;
dann schauen sie Gott auf dem Zion. ¶
    Psalm 84, 6–8

Als sie zur Grenze des Stadtgebietes gekommen waren, sagte Samuel zu Saul: Sag dem Knecht, er soll vorausgehen; du aber bleib nun hier stehen! Ich will dir ein Gotteswort verkünden. Da ging der Knecht voraus. ¶
    1 Samuel 9, 27

In aller Frühe, als es noch dunkel war, stand er auf und ging an einen einsamen Ort, um zu beten. ¶
    Markus 1, 35

Sie alle wollten ihn (Jesus) hören und von ihren Krankheiten geheilt werden. Doch er zog sich an einen einsamen Ort zurück, um zu beten. ¶
    Lukas 5, 15 b–16

Das Gespräch des Toren ist wie eine Last auf der Reise, doch auf den Lippen des Verständigen findet sich Anmut. ¶
    Jesus Sirach 21, 16

Brannte uns nicht das Herz in der Brust, als er unterwegs mit uns redete und uns den Sinn der Schrift erschloss? ¶
    Lukas 24, 32

Heiß wurde mir das Herz in der Brust,
bei meinem Grübeln entbrannte ein Feuer;
da musste ich reden. ¶
    Psalm 39, 4

Verachte nicht die Überlieferung der Alten, die sie übernommen haben von ihren Vätern. Dann wirst du Einsicht lernen, um antworten zu können, sobald es notwendig ist. ¶
    Jesus Sirach 8, 9

Wohl dem Mann, der Weisheit gefunden, dem Mann, der Einsicht gewonnen hat. ¶
    Sprichwörter 3, 13

Euch ist es gegeben, die Geheimnisse des Himmelreichs zu erkennen. ❧
    Matthäus 13, 11 a

Sie sollen in Liebe zusammenhalten, um die tiefe und reiche Einsicht zu erlangen und das göttliche Geheimnis zu erkennen, das Christus ist. ❧
    Kolosserbrief 2, 2b

Wer durstig ist, den werde ich umsonst aus der Quelle trinken lassen, aus der das Wasser des Lebens strömt. ❧
    Offenbarung 21, 6 b

Am letzten Tag des Festes, dem großen Tag, stellte sich Jesus hin und rief: Wer Durst hat, komme zu mir und es trinke, wer an mich glaubt. Wie die Schrift sagt: Aus seinem Inneren werden Ströme von lebendigem Wasser fließen. Damit meinte er den Geist, den alle empfangen sollten, die an ihn glauben. ❧
    Johannes 7, 37–39 a

Übung 1 „Gehen und Schweigen"

Diese Übung kannst du sowohl in einem geschlossenen Raum als auch draußen ausführen. Falls du in einem Raum übst, gehe den Weg eines einfachen Rechtecks.

- Stehe aufrecht und sammle dich. Spüre durch deine Füße in den Boden hinein, in die Erde, die dich trägt.
- Gehe von deinem Scheiteldach nach oben. Lass dich in den Kiefergelenken und dann in den Schultern los.
- Nimm dein Becken als große geöffnete Schale wahr. Spüre von hier aus durch Beine und Füße wieder in den Boden hinein.

- Atme einige Male tiefer ein und aus. Überlass dann den Atem sich selbst.
- Lege deine rechte Hand flach auf die Brust. Die Finger berühren die Herzgegend. Lege die linke Hand auf die rechte. Der linke Daumen wird dabei unter die rechte Hand geführt.
- Schaue zwei Meter weit auf den Boden.
- Tu mit dem linken Bein den ersten Schritt. Die linke Ferse tritt zuerst auf – gleichzeitig hebt sich die rechte Ferse.
- Spüre, wie sich dein Gewicht auf den linken Fuß verlagert und der rechte Fuß sich abhebt.
- Nimm beim Gehen das Abrollen der Füße bewusst wahr und gehe gesammelt weiter.
- Verbinde auf dir angenehme Weise deinen Aus- und Einatem-Rhythmus mit deinen Schritten.
- Stelle dir vor, wie du dich mit dem hinteren Fuß jeweils von der Erde abstößt. Spüre dabei über das Becken und die Wirbelsäule die Aufrechte bis über deinen Kopf hinaus.
- Sei dir deiner Bewegung bewusst und vollziehe sie auch innerlich mit. Schreite so, ohne jede Ablenkung, voran und werde eins mit deinem Schritt.

Du lernst durch diese Übung, sowohl zu dir selbst zu stehen als auch dich überall mitzunehmen. Indem du bewusst voranschreitest, nimmst du wahr, dass du fest mit der Erde verbunden bleibst. Und gleichzeitig richtest du dich auf, um dich dem Himmel zu öffnen. Das Eingebundensein zwischen Erde und Himmel stärkt dein Selbstvertrauen und lässt dich über dich selbst hinauswachsen. Du erfährst im Gehen durch die Bewegung deiner Beine, dass Fort-Schritt nur möglich ist, wenn Ruhe und Aktivität einander abwechseln.

„Den Weg der Weisheit zeige ich dir, ich heiße dich schreiten die Bahn der Geradheit" (Sprichwörter 4,11).

Übung 2
„Wirf ab, was nicht zu dir gehört"

STEHE FEST AUF der Erde und gehe in die Aufrechte. Richte deinen Blick in die Ferne, so als ob du einen Sonnenaufgang beobachtest.

- Gib beim Ausatmen in den Schultern nach und gehe mit deiner Aufmerksamkeit in Arme und Hände.
- Hebe deine Arme und führe die Hände in Brusthöhe zusammen. Die beiden Handrücken berühren sich – die Finger weisen nach oben.
- Führe mit beiden Armen kräftige Bewegungen nach unten aus (die Handrücken trennen sich wieder), so als ob du Schmutz von den Händen abschlagen wolltest. Beim Loslassen und Abschlagen sind die Ellenbogen gestreckt.
- Lass dich in den Oberarmen los, in den Ellenbogen, in den Unterarmen und in den Händen.
- Wenn du aufhören möchtest, dann versuche gerade noch einige Male weiterzumachen. Sich öffnen tut oft weh, da man so lange verschlossen war.

Bei dieser Übung schüttelst du im wahrsten und übertragenen Sinne das aus, was nicht zu dir gehört und dich unter Umständen krank macht. Du schaffst dir weiten Raum, um Neues aufnehmen zu können. Sich von Gewohntem zu trennen, tut oft weh. Daher solltest du gerade dann noch einmal weitermachen, wenn du aufhören möchtest. Das Durchhaltevermögen wird gestärkt, Ungutes löst sich und du erfährst eine bessere Erdverbundenheit.

„Wie sprossende Blätter am grünen Baum – das eine welkt, das andere wächst nach" (Jesus Sirach 14, 18 a).

Übung 3 „Atme Heiligen Geist"

DER ATEM (ODEM GOTTES) ist eine wunderbare Kraft, die in uns wohnt und uns am Leben erhält. Diese Übung ist Gebet – sie möchte das letzte Bild der Gebetsweisen des Dominikus begleiten.

- Spüre, wenn es still um dich und in dir ist, deinen Atem, wie er kommt und geht. Atme etwas tiefer ein und länger aus.
- Gib alle Verbissenheit ab, indem du den Mund leicht öffnest und damit den Unterkiefer entspannst.
- Sprich innerlich – ohne die Zunge und die Lippen zu bewegen – beim Einatmen „atme in mir" und beim Ausatmen „du Heiliger Geist".
- Wiederhole dieses Gebet ungefähr zehn Minuten – verbunden mit deinem Atemrhythmus.
- Nimm wahr, wie das Gebet sich an deinen Ein- und Ausatem legt und es von selbst in dir atmet und betet.

Diese Übung ist ein erster Schritt hin zum immerwährenden Gebet. Paulus sagt: „Betet ohne Unterlass" (1. Thessalonicherbrief 5,17) und meint damit kein gedanklich oder gefühlsmäßig gesteuertes Beten, sondern das Bewusstsein, welches durchdrungen ist vom Geist Gottes. Dieses Gebet ermöglicht es auf einfache und schnelle Weise, die oft unterbrochene oder verborgene Verbindung zu unserem wahren Wesen, zu Gott, wieder zu erwecken und bewusst zu machen. „Die Liebe Gottes ist ausgegossen in unsere Herzen durch den Heiligen Geist, der uns gegeben ist" (Römerbrief 5,5).

„Zu den alltäglichsten Dingen unseres alltäglichen Alltags gehört das Gehen. Man denkt nur daran, wenn man nicht mehr gehen kann, sondern eingesperrt oder gelähmt ist. Dann empfindet man das Gehenkönnen plötzlich als Gnade und als Wunder. Wir sind nicht Pflanzen, die an eine ganz bestimmte vorgegebene Umwelt gebunden sind, wir suchen selbst unsere Umwelt auf, wir verändern sie, wir wählen und – gehen. Wir erleben uns im Wandeln als die sich selbst Wandelnden, als die Suchenden, die erst noch ankommen müssen. Wir erfahren, dass wir die Wanderer zu einem Ziel, aber nicht die ins bloß Leere Schweifenden sein wollen. Wir gehen, wir müssen suchen. Aber das Letzte und Eigentliche kommt uns entgegen, sucht uns, freilich nur, wenn wir gehen, wenn wir entgegengehen. Und wenn wir gefunden haben werden, weil wir gefunden wurden, werden wir erfahren, dass unser Entgegengehen selbst schon getragen war (Gnade nennt man dieses Getragensein) von der Kraft der Bewegung, die auf uns zukommt, von der Bewegung Gottes zu uns" (Karl Rahner, Alltägliche Dinge, 12).

Meditation
„Annehmen und Weitergeben"

GOTT SELBST IST zwar in allem Seienden gegenwärtig – aber nicht alles Seiende ist bei Ihm. Erkennen wir diese schmerzliche Distanz und möchten uns Ihm nähern, ist das Gehen eines geistigen Weges notwendig. Dominikus hat einen Gebetsweg gefunden, der ihn in seiner Ausrichtung und in seinem Aufschauen zur Berührung mit der lebendigen Strahlkraft Gottes geführt hat. Durch seine Hingabe erfuhr er tiefere Einsicht in das Wesen Gottes, das seine Seele von Tag zu Tag mehr durchströmte. Die Hingabe an Ihn, der es unendlich gut mit uns meint, führt zu einem lichterfüllten Aufstieg und lässt Gottesbegegnung zu.

Am Anfang dieses Gebetsweges jedoch steht die bedingungslose und uneingeschränkte Hingabe, insbesondere und darüber hinaus von uns selbst. Nur in dieser beginnenden Freiheit und im Leerwerden – alles loslassend und von allem losgelöst – kann der Betende vom lichten Strahl der göttlichen Liebe berührt und angezogen werden. Er entdeckt in sich selbst den geheimnisvollen göttlichen Wesensgrund, der in ihm zu leuchten beginnt. Durch sein beständiges Gebet der Hingabe wurde Dominikus über seine eigene Vorstellungswelt und über sich selbst hinausgeführt und machte zunächst die Erfahrung eines immer tiefer werdenden Schweigens in Gott.

Je weiter wir auf dem Gebetsweg emporsteigen, umso leichter wird der Weg, da die Anziehungskraft von Gott eine immer größere wird. Sein wahres Wesen leuchtet uns immer mehr ein, wenn alles, was der göttlichen Liebesenergie im Wege steht, beiseite geräumt ist. Auf dem sich nun offenbarenden Weg einer tieferen Einsicht in die Geheimnisse der Schöpfung und des Schöpfers lässt der Betende alles zurück, was von Gott entfernt und Ihm fern ist. Der Aufstieg zum Gipfel der Gotteserfahrung wird zwar steiler, dafür aber klarer, eindeutiger und unverfehlbar.

Dominikus, der diesen steilen Weg des Aufstiegs konsequent gegangen ist, hatte vor seiner Einweihung in göttliche Geheimnisse bestimmte Vorbereitungen zu treffen. Er machte sich unabhängig sowohl von Menschen als auch von materiellen Dingen und gab in seinem Gebet die eigenen Willensimpulse wie auch alle Denkinhalte auf. Dieser Schritt ist immer ein ganz individueller. Er schließt sogar – wie Dominikus in der neunten Gebetsweise zeigt – die zeitweilige Distanz zu anderen Menschen ein. Ihm war es vergönnt, noch einen Schritt weiter gehen zu dürfen. Er löste sich von allem, was mit den Sinnen wahrgenommen werden kann, und gleichzeitig auch von allen Denkinhalten. So tauchte er tief in das göttliche Schweigen ein. Das Wesenhafte und Wahrhafte in ihm war nun beim Schöpfer und in einem höheren Sinn mit Ihm vereint. In diesem tiefen gotterfüllten Schweigen wurde Dominikus seine verantwortungsvolle Aufgabe in der Welt bewusst. Er erfuhr, dass er sie nur dann ausführen kann, wenn er die Einsamkeit und das Schweigen in Gott aufgibt und sich anderen Menschen mitteilt.

Jeder Aufstieg ist mit einem „Abstieg" verbunden, einer Bewegung in die aktive Realität dieser Welt, die es nicht nur zu bestehen, sondern auch zu bewundern und zu bereichern gilt. Eine Weltflucht ist somit auf dem Gebetsweg, den Dominikus ging, unmöglich. Um seinen konkreten individuellen Auftrag im Leben zu erfüllen – durch Wort und Beispiel die Botschaft Christi zu verkünden –, entließ der Schöpfer Dominikus wieder aus diesem tiefen göttlichen Schweigen. Vom Gipfel der Gotteserfahrung musste er hinabsteigen, um durch, mit und in Ihm die Schöpfung neu zu beleben. Dieser Abstieg ist ein genauso notwendiger Weg zur Gottesbegegnung und Gotteserkenntnis wie der Aufstieg. Beim Abstieg, in der Zeit nach dem Gebet, nach dem Stillsein in Gott, sah Dominikus erneut und noch klarer seine Lebensaufgabe vor Augen.

So übt auch derjenige, der die Gebetsweisen des Dominikus nachvollzieht, bewusst das In-sich-Ruhen und das Aussich-Herausgehen ein, um seine und damit gleichzeitig die in Gott ruhende Mitte zu finden, von der alle Bewegung ausgeht und in die alle Bewegung zurückkehrt.

Aus der persönlichen Erfahrung und in der Gewissheit, jederzeit zu Ihm, der immer bei uns ist, zurückzukehren und Kraft aus der schweigenden Ruhe zu schöpfen, wird sich unser Leben erfüllen – auch inmitten der Schattenhaftigkeit und aller unumgänglichen Auseinandersetzungen. Gottes Plan wird dann in allem, was durch uns geschieht, transparent. So wird der Abstieg zu einer reinen Gotteserfahrung für uns selbst und kann es auch für unsere Mitmenschen werden. Beide Wege – der aufsteigende mystische wie auch das bejahende Hineingehen in die Wirklichkeit des realen praktischen Lebens – gehören untrennbar zusammen und ergänzen sich. In jedem Menschen liegt eine oftmals verborgene tiefe Sehnsucht, einen geistig-religiösen Weg zu gehen und gleichzeitig im aktiven Leben Erfolg zu haben. Nur der kann wunderbare mystische Erfahrungen machen, der das Leben im Rahmen seiner individuellen Möglichkeiten aktiv gestaltet, Unveränderliches trägt und Verantwortung übernimmt. Jedoch kann nur der in seinem Leben erfolgreich aktiv sein, Unveränderliches und Verantwortung tragen, der immer wieder auf der Suche nach Gott ist und ein Stillsein in Ihm erfährt.

Offene Fragen

VIELLEICHT HILFT IHNEN die Beantwortung folgender Fragen, die neun Gebetsweisen des Dominikus besser zu verstehen …

Die erste Gebetsweise – „Demut macht groß"

1. Wo ziehen Sie die Grenze zwischen Unterwürfigkeit und Demut?
2. „Das Leben hat mich demütig gemacht." Wie können Sie sich diesen Satz eines alten Menschen erklären?
3. Wie würden Sie das alte Wort „Demut" in die heutige Sprache übersetzen?
4. Was ist die Grundlage für wahre Demut?
5. Gibt es in Ihrem Leben Menschen und Handlungen, vor denen Sie sich verneigen könnten?
6. Worin liegt Ihrer Meinung nach der Unterschied zwischen „demütig sein" und „sich demütigen"?
7. Was wollte Jesus ausdrücken, als er seinen Jüngern die Füße wusch?
8. Ist die Demut eine unverzichtbare Grundhaltung für das Zusammenleben mit den Mitmenschen?
9. Wie kann sich Demut im zwischenmenschlichen Verhalten ausdrücken?
10. Wird ein demütiger Mensch in dieser Gesellschaft zum Verlierer?

Die zweite Gebetsweise – „Schuld stößt auf Liebe"

1. Wie würden Sie das Wort „Sünde" in der heutigen Sprache ausdrücken?
2. Würden Sie die Handlungen und Gedanken, die bei Ihnen Schuldgefühle auslösen, als Sünde bezeichnen?
3. Wie verhalten Sie sich, wenn sich bei Ihnen Schuldgefühle einstellen?
4. Bitte formulieren Sie für sich einen Satz mit den drei Wörtern: „Sünde", „Barmherzigkeit" und „Liebe".

5. Sind Sie bereit, die Konsequenzen einer Fehlentscheidung eines geliebten Menschen mitzutragen?
6. Können Sie verzeihen?
7. „Seht das Lamm Gottes, das die Sünde der Welt hinwegnimmt." Welche Bedeutung hat dieser Satz für Sie?
8. Haben Sie schon einmal die Erfahrung machen dürfen, durch die Liebe eines anderen Menschen von Schuld befreit worden zu sein?
9. Konnten Sie schon einmal einen anderen Menschen durch Liebe von einem Schuldgefühl befreien?
10. Glauben Sie, dass Schuld, die in diesem Leben nicht abgetragen werden kann, mitgenommen wird?

Die dritte Gebetsweise – „Muss ich leiden?"

1. Manches Leid ist unausweichlich zu tragen. Darf ich, wenn ich zurzeit kein Leid tragen muss, Leid suchen und mir auferlegen?
2. Kann ein Mensch durch eigene Askese die Schuld anderer Menschen stellvertretend sühnen?
3. Was löst bei Ihnen das Wort „abtöten" aus?
4. Jesus lehrt Gewaltlosigkeit. Wie sind hiermit Selbstkasteiungen vereinbar?
5. Aus welchem Grund sind früher viele Christen den Irrweg der Selbstkasteiung gegangen?
6. Würde Christus, der sich weder selbst geißelte noch die Geißelung empfahl, sie als Fehlform des Vollkommenheitsstrebens ablehnen?
7. Ist die Verletzung des eigenen Körpers gerechtfertigt, wenn jemand glaubt, sein Schuldgefühl hierdurch abbauen zu können?

Die vierte Gebetsweise –
„Knien und aufrechte Haltung"

1. Wenn Sie Ihre Aufmerksamkeit auf den Körper richten: Welche Empfindungen haben Sie beim Knien und welche beim Aufrecht-Stehen?
2. Wie empfinden Sie die kniende Haltung eines Menschen?
3. Welche verschiedenen Gefühle kann das Knien eines Menschen ausdrücken?
4. Vor wem oder vor was könnten Sie sich „kleiner" machen?
5. Wie stehen Sie zu dem Wort: „Nie ist der Mensch größer, als wenn er kniet"?
6. In welchen Lebenssituationen weitet sich Ihr Herz vor Freude?
7. Könnten Sie einem fremden Menschen spontan Ihre geöffneten Handflächen hinhalten?
8. Gibt es jemanden in Ihrem Leben, auf den Sie sich verlassen können?
9. Gibt es jemanden in Ihrem Leben, dem Sie sich ganz aushändigen könnten?

Die fünfte Gebetsweise –
„Empfangen und Verinnerlichen"

1. Sollte sich ein Mensch, dessen Beten sich auch körperlich ausdrückt, zurückziehen?
2. Was hat nach Ihrer Meinung äußere Standfestigkeit mit innerer Haltung zu tun?
3. Wie grenzen Sie die Begriffe ab „sich hingeben" und „sich abgeben"?
4. Annehmen und Abgeben gehören zusammen. Wie würden Sie diesen Satz interpretieren?
5. Welche Gebetsweise liegt Ihnen am nächsten?
6. Welche Gebetshaltung bevorzugen Sie?
7. Haben Sie bei sich selbst oder bei anderen beobachtet, wie der Gestus der Hände Gesagtes oder Gefühltes unterstreicht?

8. „Leg ein wenig die Hände ineinander, um auszuruhen." Wie kommen Sie zu Ihrer körperlichen Entspannung?
9. Gehen Sie von der Mitte Ihres Wesens auf Gott zu? Oder ist es nur etwas vom Rande Ihres Lebens, was sich Ihm zuwendet?

Die sechste Gebetsweise – „Mit ausgebreiteten Armen ..."

1. Dominikus betet in Kreuzesform. Wenn Sie das Kreuz gedanklich verlängern: Wer oder was wird hierdurch berührt?
2. „Im Kreuz ist Heil." Was sagen Ihnen diese Worte?
3. Jeder Mensch trägt ein Kreuz in sich und wird von diesem Kreuz getragen. Haben Sie dies schon einmal seelisch oder körperlich erfahren?
4. Sind Sie in der Lage, einem anderen Menschen mit seitlich ausgestreckten Armen zu begegnen?
5. Was empfinden Sie, wenn Sie mit ausgebreiteten Armen empfangen werden? Öffnen Sie spontan Ihre Arme?
6. Ausgebreitete Arme drücken ein geöffnetes Herz und Freude aus. Sind Sie bereit und fähig, diese Sprache zu sprechen?
7. Gibt es nach Ihrer Meinung in jedem Menschen ein geheimes Wissen um ein Geborgensein in Gott?
8. Kann „wahre" Liebe überhaupt einmal in Gleichgültigkeit oder gar in Hass umschlagen?
9. „Im Leben auf ein Du findest du dein Ich." Welche Bedeutung könnte dieser Satz für Ihre eigene Entwicklung haben?

Die siebte Gebetsweise – „Innere Freude"

1. Welche Worte finden Sie, um gute Erfahrungen im zwischenmenschlichen oder religiösen Bereich auszudrücken?
2. Kennen Sie das Gefühl, vor Freude „außer sich" zu sein?

3. Welche gravierenden Erfahrungen haben Sie im oder durch das Gebet gemacht?
4. Was würden Sie als Ihr Lebensfundament bezeichnen?
5. Welche Bedingungen müssen für Sie erfüllt sein, um das Leben von Grund auf zu bejahen?
6. Wer oder was in diesem Leben ist für Sie zum Segen geworden?
7. Wie erklären Sie sich das Prinzip dieser Gebetsweise: zunächst noch tiefer nach innen zu gehen, um größere Fortschritte zu machen?
8. Was verstehen Sie unter „beständigem Beten" oder „Beten ohne Unterlass"?
9. Immer wieder wird gesagt: Gott tut alles für die Entwicklung des Menschen. Was sagt Ihnen dieser Satz auf der Grundlage Ihrer eigenen Lebenserfahrung?
10. Können Sie das Geheimnis des Glaubens vorbehaltlos mitsprechen: „Deinen Tod, o Herr, verkünden wir, und deine Auferstehung preisen wir"? Wenn nicht: Worin bestehen Ihre Vorbehalte oder Ihr Zögern?
11. Wir sollen uns auf Gott verlassen und ihm vertrauen. Welche Konsequenzen hat dies für unseren Alltag? Widerspricht dies nicht geforderter Aktivität und Kreativität?

Die achte Gebetsweise – „Lesung wird Ausblick"

1. Welche Rückzugsmöglichkeiten haben Sie, um in der Stille Ihre Mitte ausloten zu können?
2. Welche Lektüre ist Ihnen in Ihrer augenblicklichen Lebenssituation besonders lieb?
3. Bevorzugen Sie vor Ihrem Beten eine geistliche Lesung, oder nehmen Sie lieber sofort Ihr Gebet auf?
4. Welches geistliche Buch gehört zu Ihren Lieblingsbüchern?
5. Was ist für Sie ein „wertvolles" Buch?
6. Welche Vorteile hat ein wertvolles Buch anderen Informationsquellen gegenüber?

7. „Würdig bist du, das Buch zu nehmen und seine Siegel zu öffnen." Welche Tiefe entdecken Sie in dieser Aussage?
8. Was, glauben Sie, kann für Sie der Schlüssel zum „Himmel" sein?
9. Waren Sie schon einmal in einer Lebenssituation, in der Sie sich „gezwungen" fühlten, Kraft oder Hilfe aus einer geistlichen Schrift zu holen?
10. Wie kann sich Innerlichkeit durch Wort und Tat in der Welt ausdrücken?
11. Was wir lesen, sollten wir grundsätzlich in Frage stellen. Wie sehen Sie dies im Hinblick auf geistliche Schriften?

Die neunte Gebetsweise – „Licht in die Welt tragen"

1. Welches Ziel haben Sie sich gesetzt, das Sie als Nächstes erreichen möchten?
2. Fort-Schritt ist nur möglich, wenn man selbst fort-schreitet. Wie sehen Ihre entsprechenden „Schritte" aus?
3. Sind Sie gewillt und in der Lage, sich von Verkrustungen zu lösen und „Aufbrüche" zuzulassen?
4. Wie verhalten Sie sich, um dunklen Kräften keinen Raum in sich zu gewähren?
5. Welche Erfahrungen haben Sie mit Ihrem „Schutzengel" gemacht oder mit einem Menschen, der Ihnen in Gefahr Schutz gewährte?
6. Welche Gabe fließt Ihnen von Natur aus besonders zu? Auf welche Weise geben Sie diese weiter?
7. Welche geistige Nahrung benötigen Sie am meisten?
8. Beten Sie lieber in einer Kirche oder für sich allein zu Hause oder in der Natur?
9. Aus welcher Tradition leben Sie schwerpunktmäßig?
10. Haben Sie schon einmal mit einem Menschen über Ihre Erfahrungen beim Beten gesprochen?
11. Jede Aufgabe bedeutet auch, etwas zu geben. Worin bestehen Ihre Aufgaben, und was geben Sie anderen Menschen?

Zeittafel

nach 1170	Dominikus wird in Caleruega (Altkastilien) geboren
1186	Studium in Palencia
1196	Dominikus wird Domkapitular von Osma
1201	Ernennung zum Subprior des Kapitels von Osma
1203	Erste Reise mit seinem Bischof Diego von Azebes nach Nordeuropa
1205	Zweite Reise. Rückkehr über Rom und Citeaux
1206	Dominikus entscheidet sich für die Predigt „in freiwilliger Armut"
1206	Papst Innozenz III. bestätigt die neue Predigtweise des Dominikus
1207	Gründung eines Frauenklosters in Prouille
1207	Bischof Diego stirbt in Osma
1208	Innozenz III. ruft zum Kreuzzug gegen die Albigenser auf
1210/1211	Dominikus predigt in Toulouse
1213	Dominikus vertritt den Bischof von Carcassone
1215	Gründung des Prediger-Ordens in Toulouse. Bischof Fulco von Toulouse bestätigt den neuen Orden
1215	Dominikus nimmt am IV. Laterankonzil in Rom teil und bittet Innozenz III. um die Anerkennung seines Ordens. Dieser rät ihm, eine schon approbierte Regel zu wählen
1216	Dominikus und seine Brüder wählen die Regel des hl. Augustinus
1216	Papst Innozenz III. stirbt in Perugia. Am 18. Juli wird Cencio Savelli als Honorius III. zum Papst gewählt. Er bestätigt Dominikus und seinen Brüdern das Ordensleben als Prediger nach der Regel des heiligen Augustinus
1217	Aussendung der Brüder nach Paris, Spanien, Rom, Bologna
1218	Dominikus weilt in Rom und in Spanien
1219	Dominikus ist an der päpstlichen Kurie in Viterbo und erhält den Auftrag, das Frauenkloster San Sisto in Rom zu errichten
1220	Erstes Generalkapitel des Ordens in Bologna

1221	Zweites Generalkapitel in Bologna. Gründung des Frauenklosters San Sisto in Rom. Predigtreise durch Norditalien bis Venedig
1221	Am 6. August stirbt Dominikus in Bologna
1222	Generalkapitel in Paris. Wahl Jordans von Sachsen zum Ordensmeister
1231	Papst Gregor IX. überträgt die Aufgabe der Inquisition den Bettelorden
1233	Vernehmung der Zeugen für den Heiligsprechungs-Prozess in Bologna
1234	Heiligsprechung des Dominikus in Rieti durch Papst Gregor IX., der von Dominikus sagt: „Ich habe ihn gekannt als einen Mann, der gänzlich die Lebensweise der Apostel nachahmte."

FOLGENDE PERSÖNLICHKEITEN FOLGTEN Dominikus als „Dominikaner" oder „Dominikanerinnen"

Jordan von Sachsen (1185–1237)
Albert der Große (1200–1280)
Thomas von Aquin (1224–1274)
Margarita von Ungarn (1242–1270)
Meister Eckhart (1260–1328)
Margarete Ebner (1291–1351)
Heinrich Seuse (1295–1366)
Johannes Tauler (1300–1361)
Katharina von Siena (1347–1380)
Giovanni da Fiesole (Fra Angelico) (1387–1455)
Girolamo Savonarola (1451–1498)
Bartolomé de las Casas (1474–1566)
Rosa von Lima (1586–1617)
Henri-Dominique Lacordaire (1802–1861)
Marie-Dominique Chenu (1895–1990)
Yves Congar (1904–1995)
Edward Schillebeeckx (1914)
Albert Nolan (1934)
Christoph Schönborn (1945)

Literaturverzeichnis

Die neun Gebetsweisen des Dominikus

Modi Orandi Sancti Dominici. Codex Rossianus 3 (1). Biblioteca Apostolica Vaticana. Südfrankreich, 1330. Faksimile-Ausgabe. Belser Verlag Zürich 1995.

Wilhelm Blum: Die Gebets- und Andachtsgesten des Heiligen Dominikus. Übersetzung der Handschrift im Codex Rossianus 3. In: Modi Orandi Sancti Dominici. Kommentarband von Leonard E. Boyle O.P. und Jean-Claude Schmitt. Zürich 1995.

Die neun Gebetsweisen des hl. Dominikus. De novem modis orandi S. Dominici. Herausgegeben von J. Taurisano. In: Analecta Sacri Ord. Praedicatorum 15. 1922, 95–106.

G. Hoffmann: Sankt Dominikus. Zeugnisse seines Innenlebens. (Die neun Gebetsweisen des hl. Dominikus.) In: Dominikanisches Geistesleben 10, 117–133. Vechta 1935.

P. Viktor Hofstetter: Die neun Gebetsweisen des hl. Dominikus. In: Texte christlicher Mystiker. Dominikus. Die Verkündigung des Wortes Gottes. München 1989, 111–125.

William Hood: Saint Dominic's Manners of Praying: Gestures in Fra Angelico's Frescoes at S. Marco. In: The Art Bulletin. Band LXVIII, 2. Juni 1986, 155–171.

Vladimir J. Koudelka O.P.: Meditationen zu den Gebetshaltungen des heiligen Dominikus. Dominikanerinnenkloster Cazis. Cazis/Schweiz ³1997.

Meinolf Lohrum O.P.: Dominikus. (Mit: Die neun Gebetsweisen des heiligen Dominikus). Leipzig ²1992.

Jean-Claude Schmitt: Die Gebets- und Andachtsgesten des Heiligen Dominikus. In: Modi Orandi Sancti Dominici. Kommentarband. Zürich 1995, 7–29.

Simon Tugwell O.P.: The Nine Ways of Prayer of St. Dominic. A Textual Study and Critical Edition. In: Medieval Studies 47. 1985, 1–124.

Weiterführende Literatur

Berthold Altaner: Der heilige Dominikus. Untersuchungen und Texte. Breslauer Studien zur historischen Theologie 2. Breslau 1922.

Hans Urs von Balthasar: Die großen Ordensregeln. Einsiedeln ³1974.

Guy Bedoulle O.P.: Dominikus. Von der Kraft des Wortes. Übersetzt und bearbeitet von Hilarius M. Barth O.P. Graz – Wien – Köln 1984.

Georges Bernanos: Der heilige Dominikus. Übertragen von Jakob Hegner. Zürich 1950.

Bonaventura: Franziskus, Engel des sechsten Siegels. Sein Leben nach den Schriften des heiligen Bonaventura. Werl 1962.

Leonard E. Boyle O.P.: The Ways of Prayer of St. Dominic. Notes on MS Rossi 3 in the Vatican Library. In: Archivum Fratrum Praedicatorum, 64. 1994, 5–17.

Schwester Cäcilia von Rom: Wundergeschichten. Miracula beati Dominici quae narravit Cecilia Romana. Herausgegeben von Angelus Walz O.P. In: Archivum Fratrum Praedicatorum 37. 1967, 21–44.

Venancia D. Carro O.P.: Domingo de Guzman. Historia documentada. Madrid 1973.

N. G. M. van Doornik: Franz von Assisi. Prophet und Bruder unserer Zeit. Freiburg ²1977.

Peter Dyckhoff: einfach beten. München 2001.

– Atme auf. 77 Übungen zur Leib- und Seelsorge. München 2001.

– Das Kosmische Gebet. Einübung nach Origenes. München 1994.

Thomas Eggensperger und Ulrich Engel O.P.: Frauen und Männer im Dominikanerorden. Geschichte – Spiritualität – aktuelle Probleme. Mainz 1992.

Ulrich Engel O.P.: Dominikanische Spiritualität. Leipzig ²2000.

Gerard von Frachet: Lebensbeschreibungen. Vitae Fratrum Ordinis Praedicatorum. Herausgegeben von B. Reichert. In: Monumenta ordinis Praedicatorum historica I. Löwen – Rom 1896.

Gundolf Gieraths O.P.: Dominicus. In: ²LThK. Band 3. Freiburg 1986, 478–479.

Herbert Grundmann: Religiöse Bewegungen im Mittelalter. Untersuchungen über die geschichtlichen Zusammenhänge zwischen der Ketzerei, den Bettelorden und der religiösen Frauenbewegung im 12. und 13. Jahrhundert und über die geschichtlichen Grundlagen der deutschen Mystik. Historische Studien 267. Berlin 1935.

Ludwig Gschwind: Die heilige Messe. Symbole, Farben, Handlungen. Augsburg 1997.

Romano Guardini: Von Heiligen Zeichen. Mainz 1979.

Anselm Hertz O.P. und Helmuth Nils Loose: Dominikus und die Dominikaner. Freiburg 1981.

Anselm Hertz O.P.: Fra Angelico. Freiburg 1981.

William A. Hinnebusch O.P.: The Historiy of the Dominican Order. Vol I: Origins and Growth to 1500. New York 1973.

Meister Jordan: Das Buch von den Anfängen des Predigerordens. Übersetzt von Mechthild Dominika Kunst. Kevelaer 1949.

Jordan von Sachsen: Libellus de principiis ordinis predicatorum. Herausgegeben von Heribert Christian Scheeben. In: Monumenta ordinis Praedicatorum historica XVI. Rom 1935.

Vladimir J. Koudelka (Herausgeber): Dominikus. Olten 1982.

Heinrich Dominicus Lacordaire: Leben des heiligen Dominicus. Regensburg ²1871.

Meinolf Lohrum O.P.: Dominikus. Beter und Prediger. Mainz 1984.
André Louf OCSO: Demut und Gehorsam bei der Einführung ins Mönchsleben. Münsterschwarzach 1979.
Martin Luther: Werke. Calwer Luther-Ausgabe. Herausgegeben von Wolfgang Metzger. 10 Bände. Neuhausen – Stuttgart 1996.
Leonard von Matt und Marie-Humbert Vicaire O.P.: Dominikus. Würzburg 1957.
Marcel Mauss: Die Techniken des Körpers. In: Soziologie und Anthropologie. Band 2. Frankfurt 1989, 199–220.
Bernard McGinn: Dominikaner-Mystikerinnen. In: Die Mystik im Abendland. Band 3. Freiburg 1999, 507–548.
Gaby Miketta: Netzwerk Mensch. Psychoneuroimmunologie: Den Verbindungen von Körper und Seele auf der Spur. Stuttgart ²1992.
Walter Nigg: Vom Geheimnis der Mönche. Zürich 1953, 286–323.
Origenes: Vom Gebet. Bibliothek der Kirchenväter. Band 48. München 1926.
Prozess Bologna: Acta canonizationes S. Dominici. Herausgegeben von Angelus Walz. In: Monumenta historica S. P. Dominici 123–167 (MOPH). Rom 1935.
Karl Rahner: Alltägliche Dinge. Theologische Meditationen. Einsiedeln, Köln, Zürich 1964.
Anton Rotzetter: Die Gebetsmethode des hl. Dominikus. In: Geist und Kommunikation. Versuch einer Didaktik des geistlichen Lebens. Seminar Spiritualität 4. Zürich – Einsiedeln – Köln 1982, 164–175.
Heribert Christian Scheeben: Der heilige Dominikus. Freiburg 1927.
P. Raphael Maria Stadtmüller O.P.: Dominikanerlegende. Aus dem Lateinischen des Gerhard von Frachet. Dülmen 1921.
Wolfram von den Steinen: Franziskus und Dominikus. Leben und Schriften. Breslau 1926.
Thomas von Celano: Leben und Wunder des Heiligen Franziskus von Assisi. Werl 1964.
Simon Tugwell O.P.: Early Dominican Selected Writings. New York – Toronto 1982, 94–103.
Marie-Humbert Vicaire O.P.: Geschichte des Heiligen Dominikus. Übersetzt von Joséphine Enenkel. Band 1: Ein Bote Gottes. Band 2: Inmitten der Kirche. Freiburg 1962 und 1963.
H. Wilms: Der heilige Dominikus. Kevelaer 1949.

Die Bibelzitate sind in der Regel entnommen aus:
Einheitsübersetzung der Heiligen Schrift. Katholische Bibelanstalt, Stuttgart 1980

Zum Autor

PETER DYCKHOFF, 1937 im westfälischen Rheine geboren, studierte Psychologie und war viele Jahre als Geschäftsführer eines mittelständischen Unternehmens tätig.

Mit vierzig Jahren wagte er den Neuanfang und studierte Theologie an den Universitäten Münster, Innsbruck und Brixen. 1981 zum Priester geweiht, war er als Gemeinde-, Wallfahrts- und Krankenhausseelsorger tätig. Im Bistum Hildesheim übernahm er den Aufbau und die Leitung der bischöflichen Bildungsstätte „Haus Cassian" im Weserbergland.

Seit 1999 lebt Peter Dyckhoff in Münster und ist als Referent und Exerzitienleiter in zahlreichen Bildungseinrichtungen tätig. Seine reichen Erfahrungen als Leiter spiritueller Kurse gibt er als Autor von zahlreichen Büchern und Publikationen zur christlichen Gebets-, Meditations- und Exerzitienpraxis an seine Leserinnen und Leser weiter.

Der Autor ist im Internet erreichbar unter:
www.PeterDyckhoff.de

Spirituelle Impulse

Henri J. M. Nouwen
Höre auf die Stimme, die Liebe ist
Geistliche Deutung der Geschichte von Jesus
Mit Illustrationen von Rembrandt
16,8 × 24,0 cm, 192 Seiten, gebunden
ISBN 3-451-27903-7
Eine ganz besondere Darstellung des Lebens Jesu: Hier sind Henri Nouwens Texte zu den zentralen Ereignissen im Leben Jesu zusammengestellt. Zusammen mit den Illustrationen von Rembrandt und den biblischen Zitaten entsteht eine einzigartige geistliche Deutung der Jesusgeschichte.

Philip Newell
Mit einem Fuß im Paradies
Die Stufen des Lebens im keltischen Christentum
128 Seiten, Paperback
ISBN 3-451-27880-4
Das Buch geht den verschiedenen Phasen des menschlichen Lebens nach und entfaltet die Eigenart jeder Lebensstufe mit großem inhaltlichen Reichtum. Es bietet Impulse zur persönlichen Besinnung genauso wie zur Arbeit in Gruppen – aus einer neuen Perspektive auf den Glauben und aus einer tiefen Kenntnis des menschlichen Lebens.

Louis Dupré
Ein tieferes Leben
Die mystische Erfahrung des Glaubens
144 Seiten, Paperback
ISBN 3-451-27873-1
Ein Geheimtipp der Mönche: eine etwas andere Einführung in christliche Spiritualität. Die Grundpfeiler mystischer Spiritualität versteht und erklärt der Autor nicht als etwas, das nur im Kloster seinen Ort hätte, sondern als Erfahrungsgestalt des Glaubens selbst, als ein Leben im tieferen Sinn, das Menschen in ganz unterschiedlichen Lebenssituationen zugänglich ist.

In jeder Buchhandlung!

HERDER